通常の学級でやさしい学び支援

計算が苦手な子どもへの〈算数〉支援ワーク

くり上がり・くり下がりのない
10までのたし算ひき算

◆ **通級指導教室発**・通常の学級で使える教材プリント集

◆ 数概念の発達を促す**スモールステップ**のトレーニングワーク

◆ 迷路・暗号、**子どもの意欲が続く**習熟ワーク

竹田契一 監修　中尾和人 著

明治図書

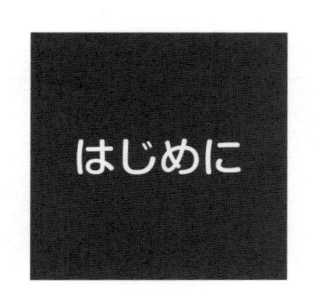

はじめに

　本書は、算数が苦手な児童生徒に対して一斉授業のなかでスモールステップの教材を使い、つまずきの原因発見と支援のヒントを与えてくれます。発達障害がある／なしに関わらず、子どもたちに計算をわかりやすく解説し、完全に理解してもらうということは大変難しいことです。私たち大人の頭のなかではこうすればいいと説明できても子どもたち一人一人が理解できるように言葉で納得のいく説明に到達するのは至難の業です。「できた」ではなく「わかった」と本心から言える教え方が望まれます。

　本書では、「どこでつまずいているのか」を特別支援教育の視点を取り入れて一人一人にぴったりの学習支援を見つけていきます。計算は、暗算と筆算があります。計算が難なくできるようになるためには、早い時期に数詞（「１つ、２つ、３つ」、「いち、に、さん」）、数字（１、２、３）、具体物との対応（りんごが３つ）ができることが求められます。数字が読める前に数詞を順番通りに言えるようになることが望ましいです。また、数字が数と量を示していることに気づくことも大切です。

　次に数の概念の形成では、基数性（同時処理過程）と序数性（継次処理過程）があります。同時処理では直感的に４つより６つのほうが量的に多いことに気づく、継次処理では前から何番目、後ろから何番目というように順番がわかるなどを丁寧に教えていきます。数概念の発達を促しながら加減の意味がわかる子どもへと育てていきます。

　特別支援教育で算数嫌いをつくらないためには、児童生徒が自分の力で理解できるレベルの教材を提供する必要があります。スモールステップで繰り返しプリントをこなすうちに「自動化」につながります。まずは計算学習の第一歩である10までの加減を完璧に暗算できることを目標としています。本書のトレーニングワークの特徴は、学校のカリキュラムに沿って作られているので普段の授業にすぐ適用できることです。

　本書は、中尾先生の特別支援教育のコツが詰まっている貴重なトレーニングワークです。

　ぜひ普段の授業で、家庭で活用してください。子どもの「わかった！！」という笑顔が見たいです。

　2018年６月

監修者　竹田 契一

もくじ

はじめに　　3

■ 序章 ■

通常の学級でできる！
くり上がり・くり下がりのないたし算ひき算の支援 ⸺ 7

■ 第1章 ■

くり上がり・くり下がりのないたし算ひき算
習得トレーニングワーク ⸺ 9

ワーク 1~4　どっちが　おおい？ ⸺ 12

ワーク 5~8　りんごは　いくつ？（5まで） ⸺ 16

ワーク 9~12　りんごは　いくつ？（10まで） ⸺ 20

ワーク 13~16　かくれている　かずは　なに？ ⸺ 24

ワーク 17~28　いくつ　ある？ ⸺ 28

ワーク 29~32　あわせよう ⸺ 40

ワーク 33~36　わけよう ⸺ 44

ワーク 37~44　たしざんを　しよう ⸺ 48

ワーク 45~52　ひきざんを　しよう ⸺ 56

第2章

くり上がり・くり下がりのないたし算ひき算
習熟トレーニングワーク ……………………………… 65

ワーク 53〜56　めいろの　とちゅうに　いくつ　ある？ ……………… 66

ワーク 57〜60　しきの　なる　き ……………………………………… 70

ワーク 61〜64　あんごう　かいどく …………………………………… 74

ワーク 65〜68　くろす　けいさん ……………………………………… 78

ワーク 69〜72　かずを　いれて　しき　かんせい …………………… 82

ワーク 73〜76　おなじ　かずを　いれて　しき　かんせい ………… 86

＊ 解答 & 解説 ……………………………………………… 90

おわりに　　109

くり上がり・くり下がりのない たし算ひき算の支援

＋－ 通常の学級で行う特別支援教育

　友だちといっぱい遊ぶぞ！勉強頑張って100点をとるぞ！　と張り切って入学してきたピッカピッカの１年生。しかし、５月も半ばを過ぎて、計算学習の第一歩であるくり上がりのないたし算・くり下がりのないひき算（10までの加減）の学習が始まるころになると、みんなと同じように100点がとれない、みんなはサッサと計算を終わらせているのに自分だけ遅いなどで「算数、嫌い」と言う子どもが出てきます。こんな子どもたちこそが特別な支援を必要としている子ども、特別支援教育の対象の子どもです。私たちの腕の見せ所です。

　まず、原因を探りましょう。原因から支援の仕方を考え、実行します。それで解決すればいいですが、うまくいかないこともあります。そのときは、もう一度原因から見直しです。このような試行錯誤を繰り返すなかでその子にぴったりの支援が見つかれば、子どもの顔が再び生き生きしてきます。

　特別な支援を必要としている子どもが「わかる」学習支援は、他の子どもにとっては「わかりやすい」学習支援です。だから、みんなの顔も元気になっていきます。

＋－ 10までの加減トレーニングワークの目標

　本書では、計算学習の第一歩である、10までの加減を完璧に暗算でできることを目標にしたトレーニングワークを紹介しています。

　10までの加減でつまずく子どものなかには、数概念の発達が不十分な子どもが多くいます。第１章の習得トレーニングワークは、数概念の発達を促しながら、加減の意味を理解し計算ができること（習得）を目標にしたトレーニングワークです。第２章の習熟トレーニングワークは、今後の算数学習で必要となるスキルトレーニングも併せて行いながら、少しゲーム的な要素も入れて、習得した計算を素早く間違いなくできること（習熟）を目標にしたトレーニングワークです。

　トレーニングワークは、「通常の学級でやさしい学び支援」の観点から、学校のカリキュラムに添って、一斉指導のなかで使えるものにしました。

　つまずきの原因発見と支援のヒントになり、子どもたちの「わかる」喜び「できる」楽しさに繋がることを願っています。
それでは、10までの加減の支援を始めましょう。

第1章

くり上がり・くり下がりのないたし算ひき算
習得トレーニングワーク

インフォーマルスキルの違いに合わせた10までの加減習得の指導

　3歳の子どもに「いくつ?」とたずねると、ぎこちなく指を3本立てて嬉しそうに見せてくれます。たずねた大人も嬉しそうに「3歳なの〜♡」と応じたりして…ほほえましい光景が繰り広げられるでしょう。実は、子どもたちは、このようなやり取りを通して数概念の発達のための大切な経験をしているのです。

　数には、文字としての数字（例：3）、呼び方としての数詞（例：さん）、具体的表象としての具体物（例：3本の指、信号の3つのライト、3個のりんご、さいころの3の目、「∴」の記号など）という3種類の表現方法があります。

　7という数字にパーとチョキの手のような具体物の7が関連付けられることで「7に3がくっつくと10になる」「7は5と2に分けられる」などの、数の合成分解が理解できるようになります。数字・数詞・具体物を関連付けるスキルは、10までの加減習得の基礎スキルです。

　多くの10までの加減の指導は、「10個の物の数が数えられるので数詞と具体物の関連付けはすでにできている」という前提で数詞・具体物に数字を関連付ける数字の学習から始まっています。しかし、パーとチョキの指を見せて「何本?」と問うと、数詞と具体物の関連付けが不十分なため、1本ずつ指を数えなければ「7本」と答え

られない子どもがいます。この子どもたちは、10までの加減の学習に必要な基礎スキルがまだ十分に習得できていないのです。

　学校での学習のように計画的に習得するスキルをフォーマルスキルというのに対して、計画的ではない遊びなどの経験などによって習得するスキルをインフォーマルスキルといいます。10までの数詞と具体物の関連付けもインフォーマルスキルの1つと考えられていますが、個々の子どもの習得の程度は経験や学習能力の違いによって差があります。インフォーマルスキルに差があることを前提に学習を進めることがやさしい学び支援となります。

10までの加減習得のステップ

　子どもたちはどのようなステップをたどりながら10までの加減を習得していくのでしょうか。すべての子どもが同じような道筋をたどるのではないですが、大まかな道筋は同じです。子どもがどのステップにいるのかを知り、それに合わせた指導を行いましょう。

ステップ 1　全部数え段階

　はじめは、数字や数詞などを具体物に置き換えて数える段階です。置き換える具体物は、一番身近な具体物である「指」が多いです。
　「3+4」の場合は、片方の手の指を「いち、に、さん」と唱えながら立て、次に反対の手の指を「いち、に、さん、し」と唱えな

ステップ1 全部数え段階

1.2.3

4.5.6.7

ステップ2
数え足し 数え引き段階

1.2.3.4

7

ステップ3 具体物操作段階

7は 5 と 2

7は 10 より3少ない

ステップ4 暗算段階

パッ

3+4＝7

がら立てます。そして、立っている指をあごや鼻の先でタッチしながら「いち、に、さん、し、ご、ろく、しち」と唱えながら数え、「しち」と答えます。

ステップ2　数え足し、数え引き段階

　具体物（指）を数える経験を繰り返しているうちに、数字・数詞をすばやく（数えなくても）具体物で表し、その逆の具体物の数を素早く数字・数詞で表現できるようにもなってきます。数字・数詞が合成分解などの数操作ができる具体的表象（指やブロック図など）と繋がったのです。しかし、まだ数操作はできません。足したり引いたりの操作は数えて行います。

　「3＋4」の場合は、片方の手の指をサッと（数えないで）3本立てて、その続きから「いち、に、さん、し」と唱えながら指を立て、最後に立っているパーとチョキの指を見て（数えないで）「しち」と答えます。

　慣れてくると、唱える数を少なくするために、被加数と加数を入れ替えて、先に4本の指を立てる子もいます。

　このように数を唱えながら指を立てたり、倒したりして足したり引いたりすることを「数え足し」、「数え引き」といいます。

ステップ3　具体物操作段階

　ステップ2で繋がった具体的表象から、「7は5と2」、「7は10より3少ない」のように5や10を基数とした見方や、「3と4を合わせると7」「4は3と1に分けられる」などの合成・分解も具体的表象を通して理解できるようになります。これができるようにな

ると、5や10を基数として合成・分解操作をする加減の操作手順が理解できます。

「3+4」の場合は、片方の手の指を3本、反対の手の指を4本立て、4本の方を見て「あと1本で5になる」と気づいて、3本の方の1本を倒してチョキにして4本の方をパーにして（5をつくり）、パーとチョキの指を見て「しち」と答えます。

ステップ 4　暗算段階

具体物の合成・分解操作で10までの加減ができるようになった子どもたちも、毎回具体物を使っているわけにはいきません。具体物操作を十分に経験した子どもたちは、その操作手順を覚えて抽象的な数字・数詞に移行していきます。

まずは、数字を使って操作できるようになり、それを繰り返すうちに「3+4=7」のように数的事実として記憶したものを再生するようになります。

ここまでできたら10までの加減の学習は終わりです。

■ 10までの加減の落とし穴にはまらない丁寧な指導

10までの加減では、「全部数え段階」の子どもも「暗算段階」の子どもも、十分に計算時間をとれば正答にたどり着くことができ通常のテストでは100点がとれるため、子どもがどのような段階にいるのかがわかりません。子どもたちも100点をとれたので、自分のやり方で良いと思ってしまいます。10までの加減の習得目標に達していない「全部数え段階」の子どもも習得目標に達したと思われてしまうことが10までの加減の落とし穴です。習得目標に達していな

いことに気づかずに20までの加減に進むと、そこでつまずくことになってしまいます。

10までの加減の指導では、初めは速さを要求せず、数概念の発達レベルを確認しながら段階を踏んで進めることが丁寧な指導です。

■ 10までの加減習得トレーニングワークの内容

トレーニングワークは、具体物の大小比較から始まります。見た目のかさで比較するのではなく、数詞に置き換えたり、一対一対応をさせたりして比較する経験をさせましょう。

次に5個までのりんごの数を数えます。5個までであれば見ただけで（数えなくても）数字・数詞に置き換えられるようにしましょう。その後は、5個以上のりんごを、5を基数として数えます。5といくつ、10といくつのように、5や10を基数として数量をとらえるスキルは、20までの加減習得の基礎スキルです。

続いて、ブロック図と数字・数詞の関連付けを行います。ブロック図を用いるのは、数の合成分解をイメージしやすいからです。

そして、数の合成分解、加減の学習に入っていきます。数字・数詞は数の抽象的表現です。いきなり数字・数詞による合成分解やたし算ひき算の学習をするのではなく、具体的表現であるブロック図から始めて、無理のないように数字による加減の学習に移行していきます。

なまえ

おおいほうに ○を つけよう。

おおいほうに ○を つけよう。

おおいほうに ○を つけよう。

なまえ

おおいほうに ○を つけよう。

りんごの かずと おなじ すうじに ○を つけよう。

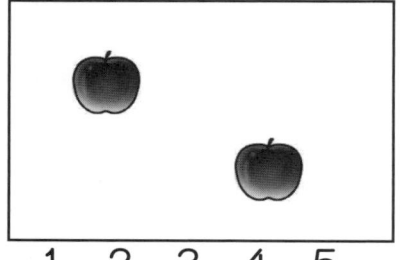

1 , 2 , 3 , 4 , 5 こ

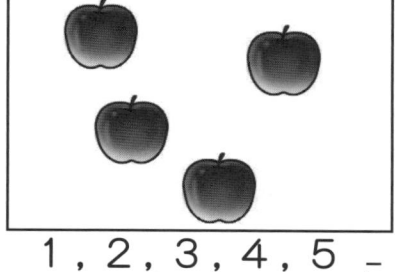

1 , 2 , 3 , 4 , 5 こ

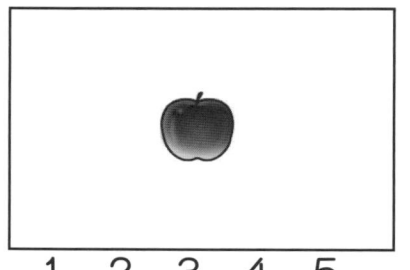

1 , 2 , 3 , 4 , 5 こ

1 , 2 , 3 , 4 , 5 こ

1 , 2 , 3 , 4 , 5 こ

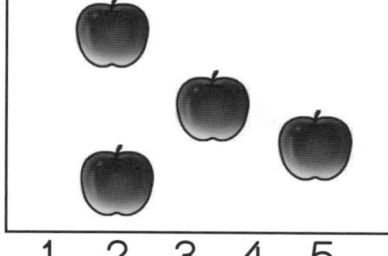

1 , 2 , 3 , 4 , 5 こ

1 , 2 , 3 , 4 , 5 こ

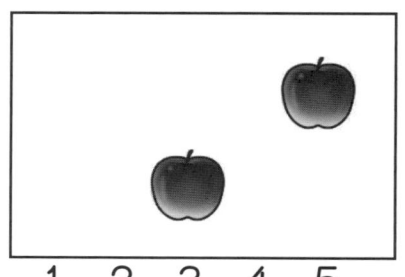

1 , 2 , 3 , 4 , 5 こ

1 , 2 , 3 , 4 , 5 こ

1 , 2 , 3 , 4 , 5 こ

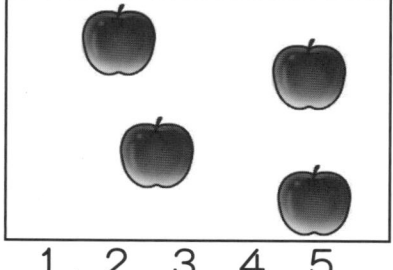

1 , 2 , 3 , 4 , 5 こ

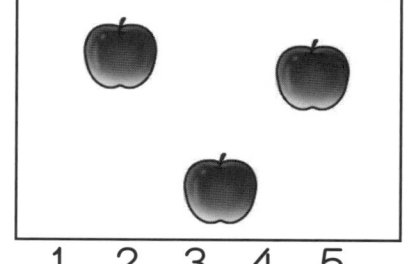

1 , 2 , 3 , 4 , 5 こ

なまえ

りんごの　かずと　おなじ　すうじに　○を　つけよう。

1 , 2 , 3 , 4 , 5 こ

1 , 2 , 3 , 4 , 5 こ

1 , 2 , 3 , 4 , 5 こ

1 , 2 , 3 , 4 , 5 こ

1 , 2 , 3 , 4 , 5 こ

1 , 2 , 3 , 4 , 5 こ

1 , 2 , 3 , 4 , 5 こ

1 , 2 , 3 , 4 , 5 こ

1 , 2 , 3 , 4 , 5 こ

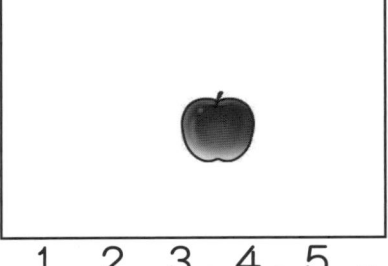

1 , 2 , 3 , 4 , 5 こ

1 , 2 , 3 , 4 , 5 こ

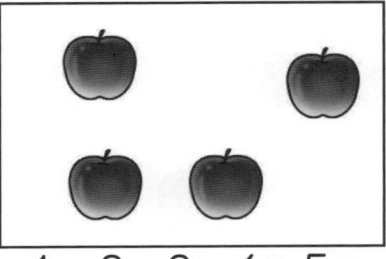

1 , 2 , 3 , 4 , 5 こ

りんごの　かずと　おなじ　すうじに　○を　つけよう。

1, 2, 3, 4, 5 こ

1, 2, 3, 4, 5 こ

1, 2, 3, 4, 5 こ

1, 2, 3, 4, 5 こ

1, 2, 3, 4, 5 こ

1, 2, 3, 4, 5 こ

1, 2, 3, 4, 5 こ

1, 2, 3, 4, 5 こ

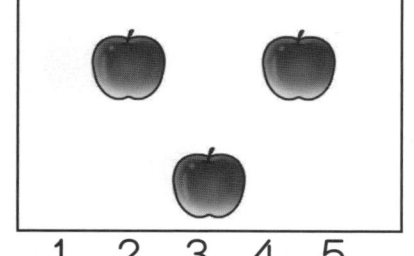

1, 2, 3, 4, 5 こ

1, 2, 3, 4, 5 こ

1, 2, 3, 4, 5 こ

1, 2, 3, 4, 5 こ

りんごの　かずと　おなじ　すうじに　◯を　つけよう。

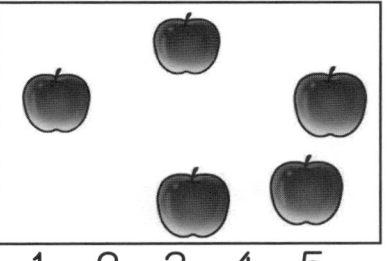

1 , 2 , 3 , 4 , 5 こ

1 , 2 , 3 , 4 , 5 こ

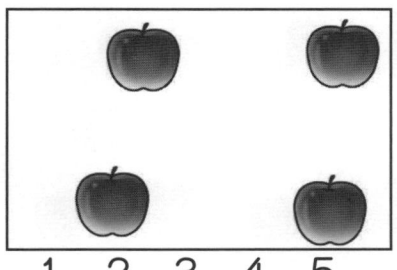

1 , 2 , 3 , 4 , 5 こ

1 , 2 , 3 , 4 , 5 こ

1 , 2 , 3 , 4 , 5 こ

1 , 2 , 3 , 4 , 5 こ

1 , 2 , 3 , 4 , 5 こ

1 , 2 , 3 , 4 , 5 こ

1 , 2 , 3 , 4 , 5 こ

1 , 2 , 3 , 4 , 5 こ

1 , 2 , 3 , 4 , 5 こ

1 , 2 , 3 , 4 , 5 こ

なまえ

5こを かこんでから かぞえよう。

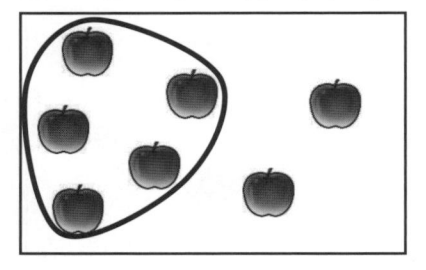
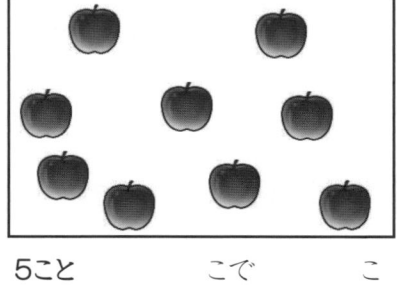
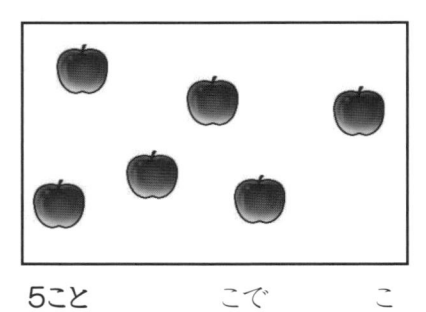
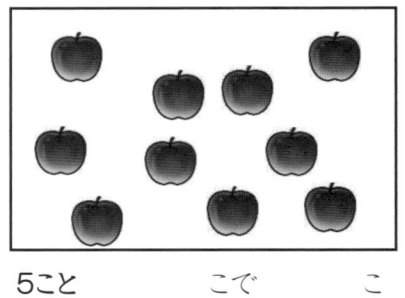

5こと　　こで　　こ　　5こと　　こで　　こ　　5こと　　こで　　こ　　5こと　　こで　　こ

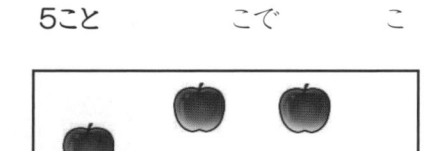

5こと　　こで　　こ　　5こと　　こで　　こ　　5こと　　こで　　こ　　5こと　　こで　　こ

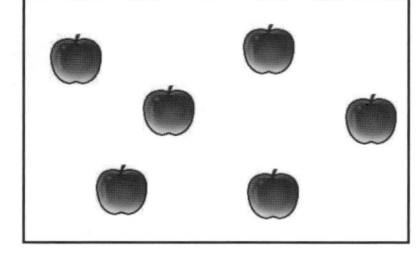

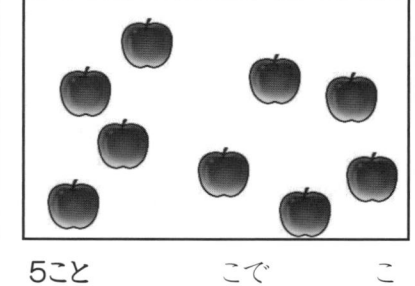

5こと　　こで　　こ　　5こと　　こで　　こ　　5こと　　こで　　こ　　5こと　　こで　　こ

5こを　かこんでから　かぞえよう。

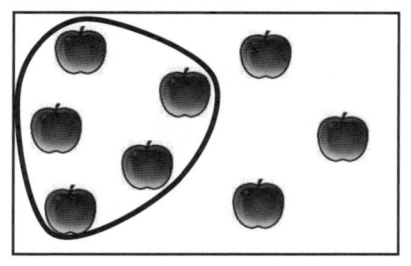

5こと　　　　こで　　　　こ

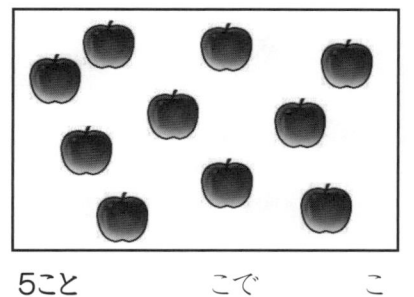

5こと　　　　こで　　　　こ

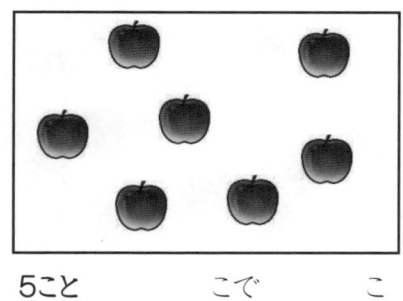

5こと　　　　こで　　　　こ

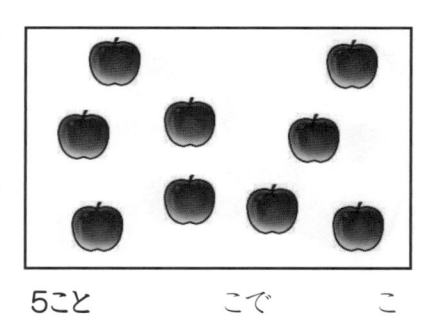

5こと　　　　こで　　　　こ

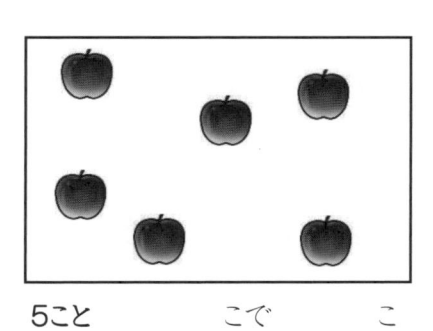

5こと　　　　こで　　　　こ

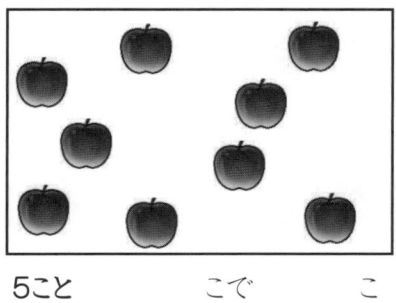

5こと　　　　こで　　　　こ

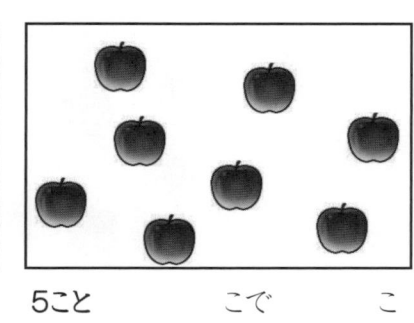

5こと　　　　こで　　　　こ

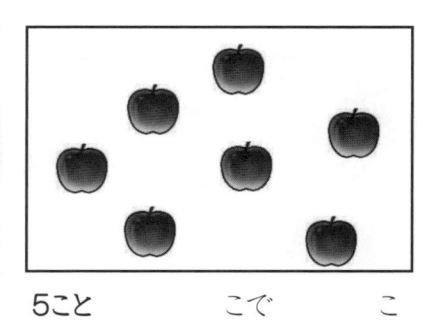

5こと　　　　こで　　　　こ

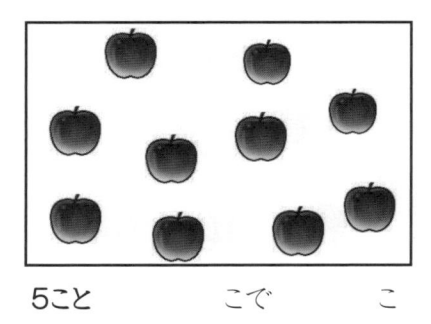

5こと　　　　こで　　　　こ

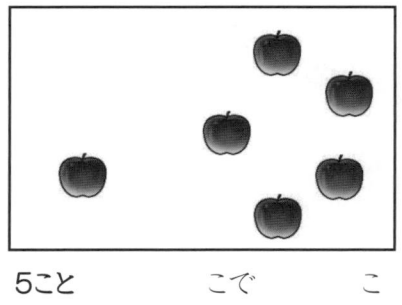

5こと　　　　こで　　　　こ

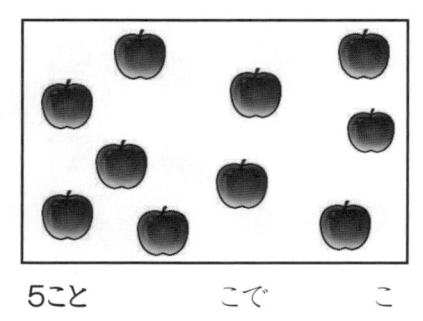

5こと　　　　こで　　　　こ

5こと　　　　こで　　　　こ

5こを かこんでから かぞえよう。

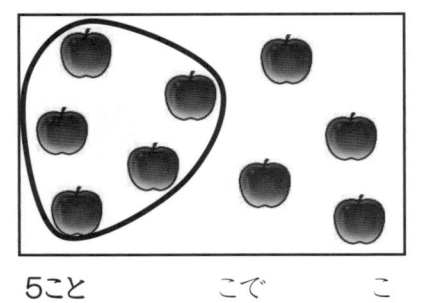
5こと こで こ

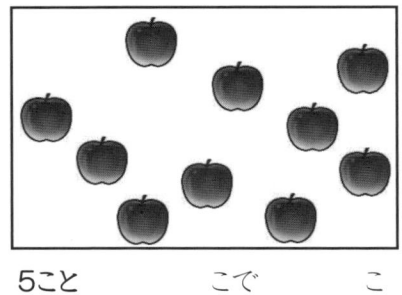
5こと こで こ

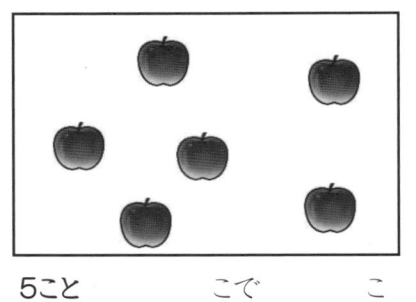
5こと こで こ

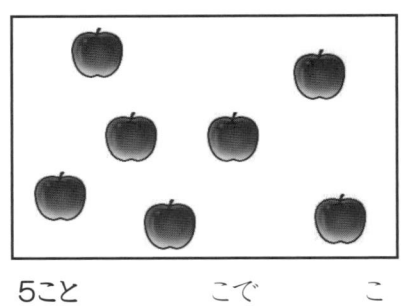
5こと こで こ

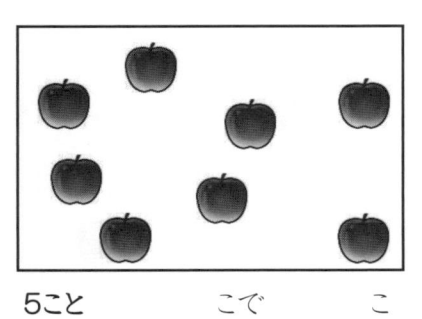
5こと こで こ

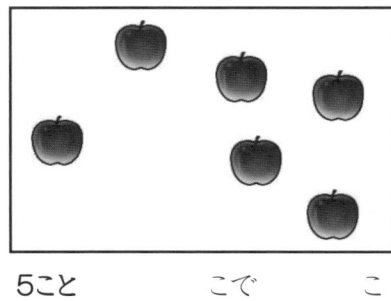
5こと こで こ

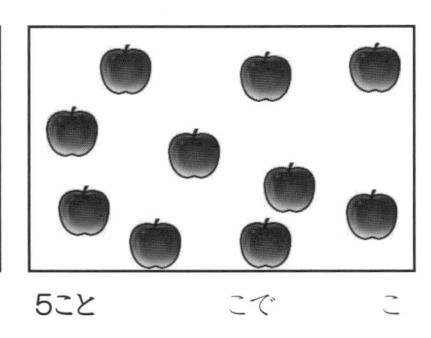
5こと こで こ

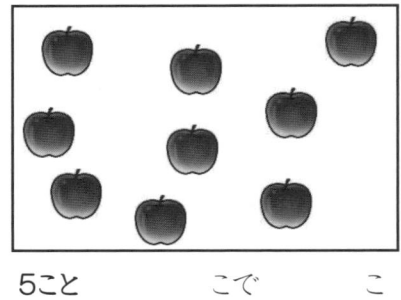
5こと こで こ

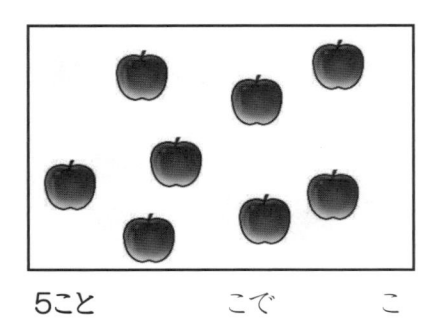
5こと こで こ

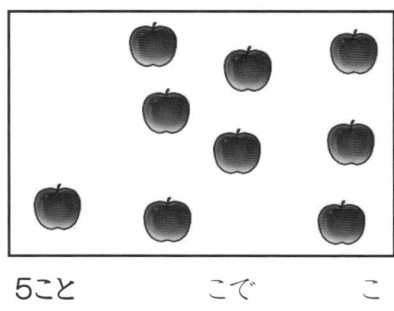
5こと こで こ

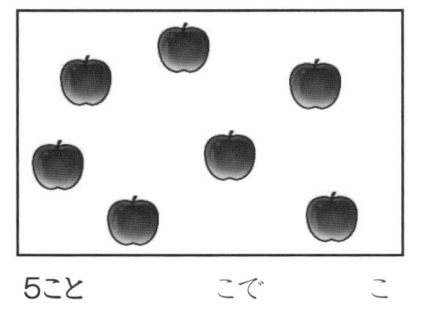
5こと こで こ

5こと こで こ

5こを　かこんでから　かぞえよう。

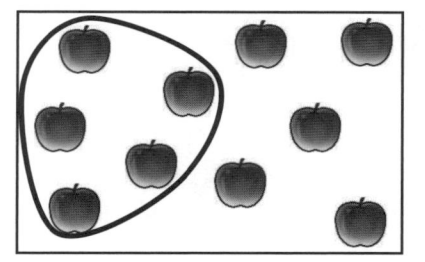

5こと　　こで　　こ

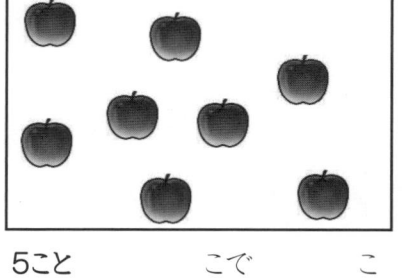

5こと　　こで　　こ

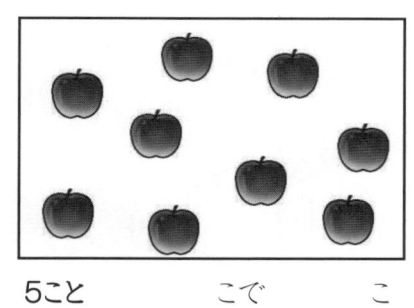

5こと　　こで　　こ

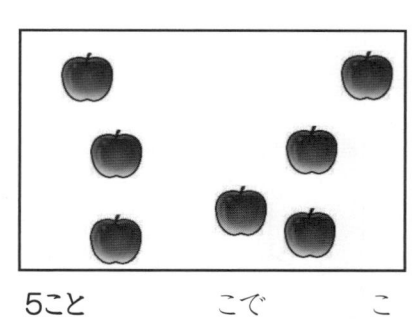

5こと　　こで　　こ

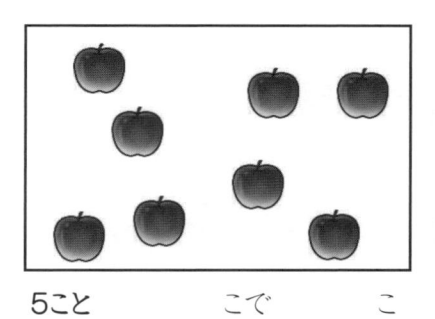

5こと　　こで　　こ

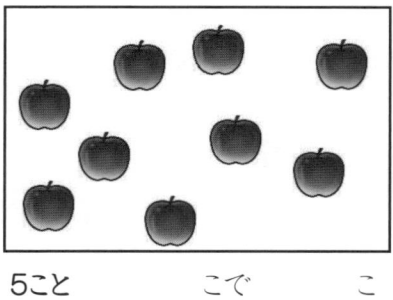

5こと　　こで　　こ

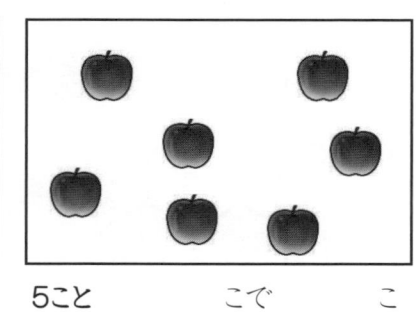

5こと　　こで　　こ

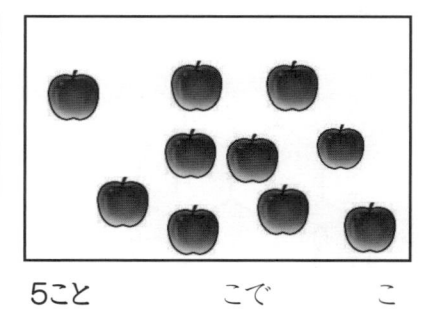

5こと　　こで　　こ

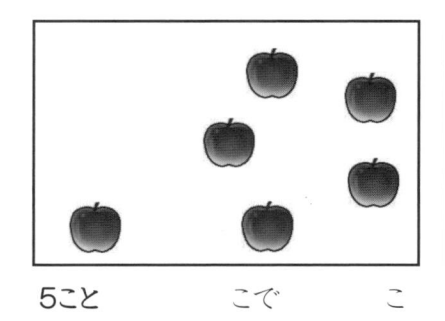

5こと　　こで　　こ

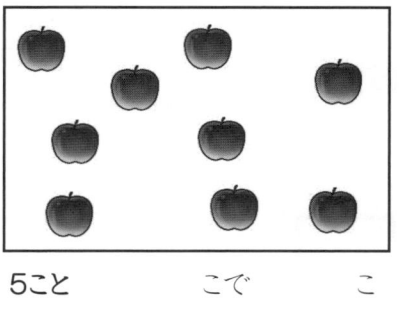

5こと　　こで　　こ

5こと　　こで　　こ

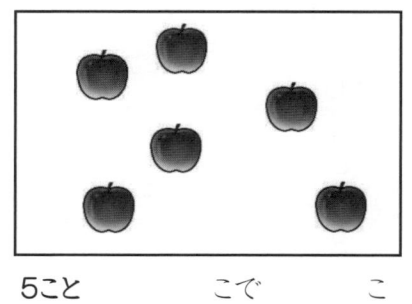

5こと　　こで　　こ

1から　10までの　かくれている　かずを　みつけよう。

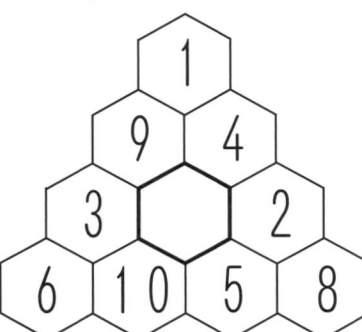 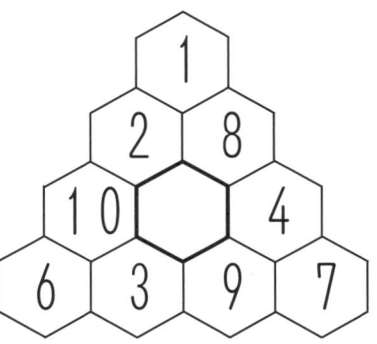 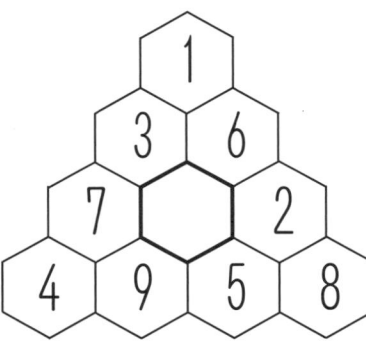 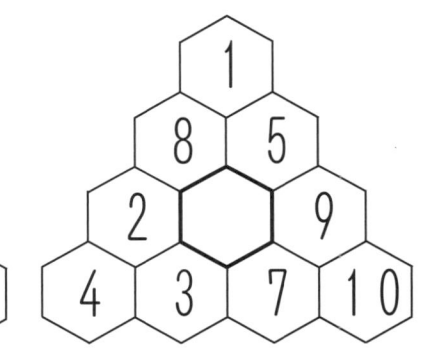

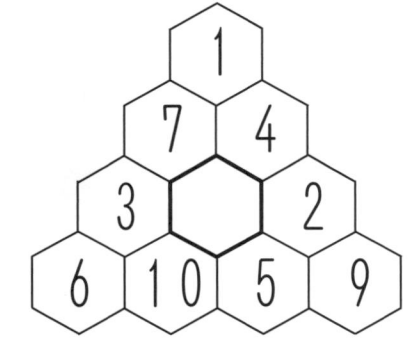 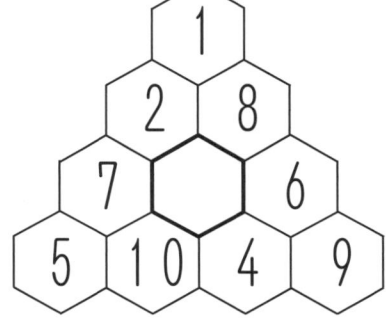 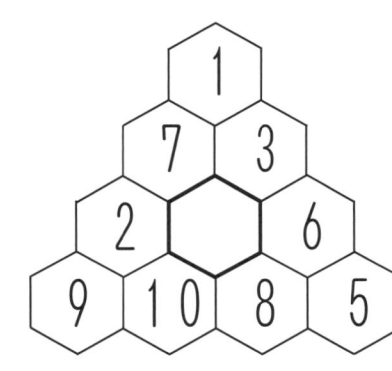 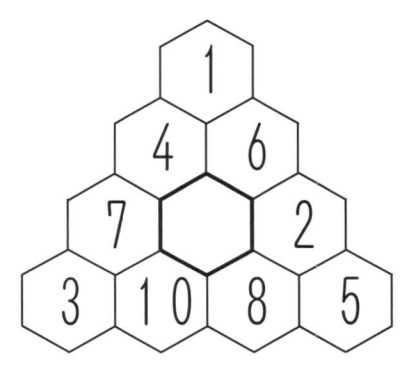

じゅんばんに　なるように　□に　かずを　いれよう。

2 − 3 − □　　8 − 9 − □　　3 − □ − 5　　□ − 2 − 3

10 − 9 − □　　5 − □ − 3　　□ − 7 − 6　　3 − □ − 1

なまえ

1から　10までの　かくれている　かずを　みつけよう。

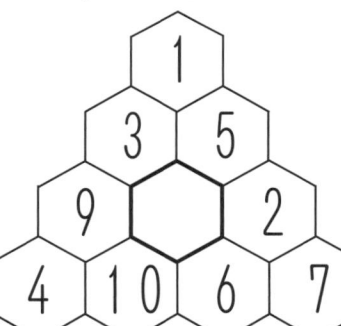 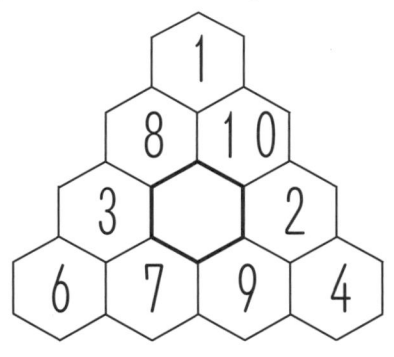 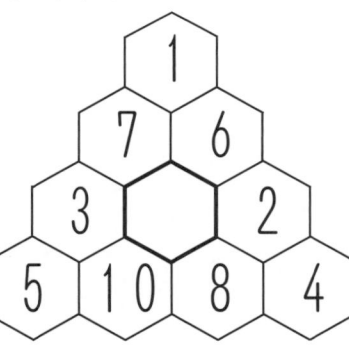 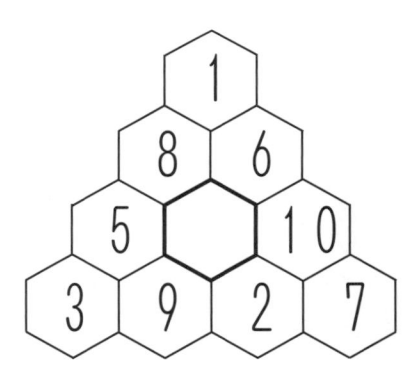

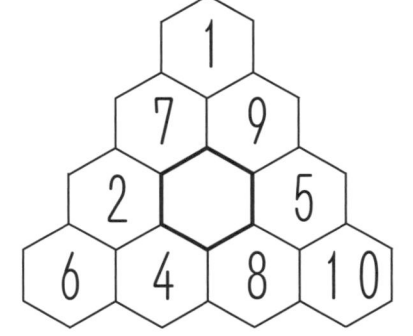 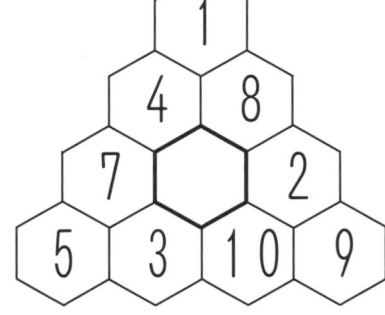 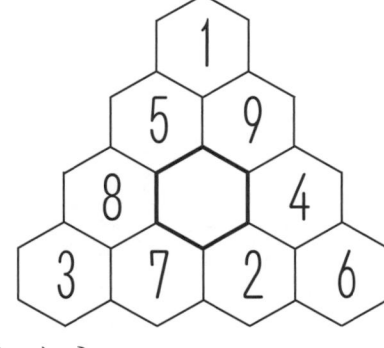 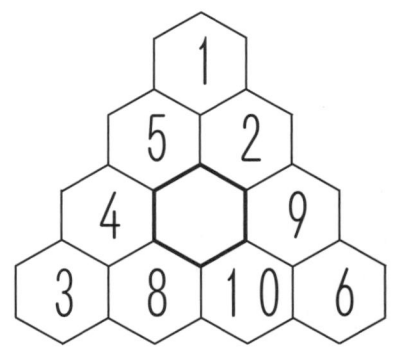

じゅんばんに　なるように　□に　かずを　いれよう。

3 － 4 － □　　　2 － □ － 4　　　7 － □ － 9　　　□ － 5 － 6

8 － 7 － □　　　6 － □ － 4　　　□ － 8 － 7　　　□ － 2 － 1

1から　10までの　かくれている　かずを　みつけよう。

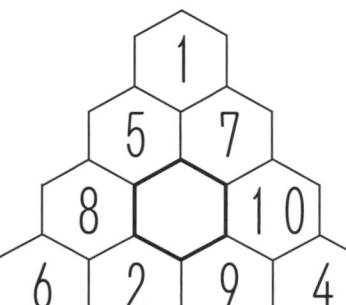 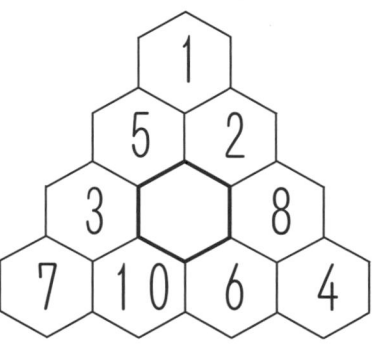 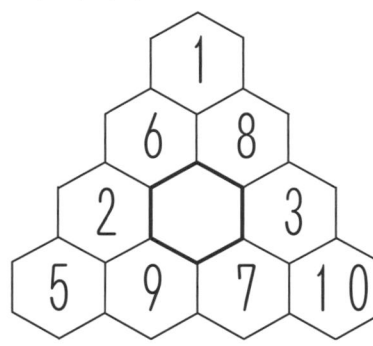 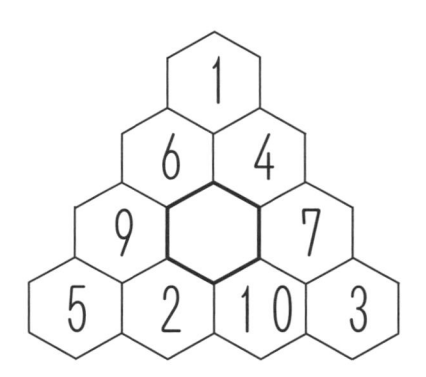

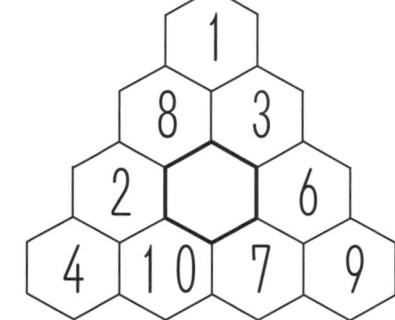 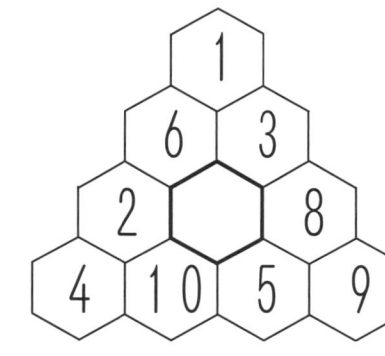 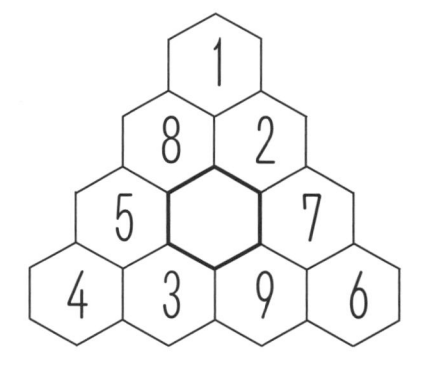

じゅんばんに　なるように　□に　かずを　いれよう。

6 － 7 － □　　1 － □ － 3　　□ － 8 － 9　　□ － 6 － 7

3 － 2 － □　　7 － 6 － □　　9 － □ － 7　　□ － 5 － 4

1から　10までの　かくれている　かずを　みつけよう。

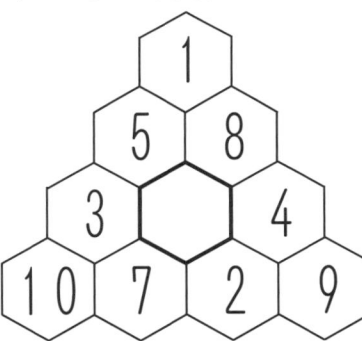 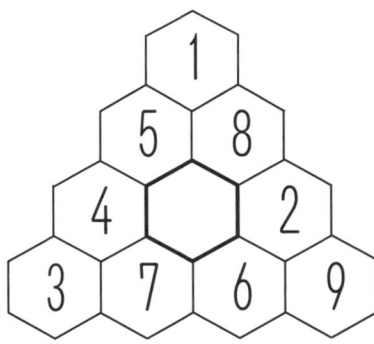 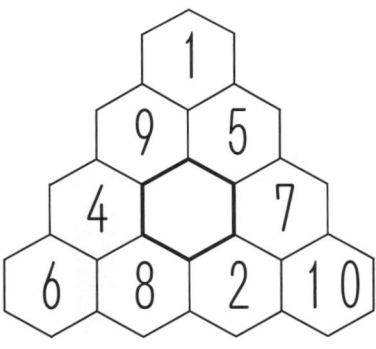 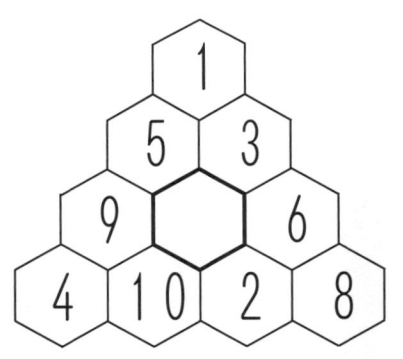

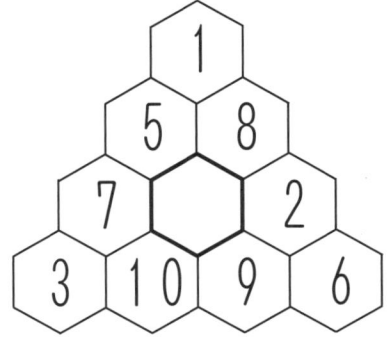 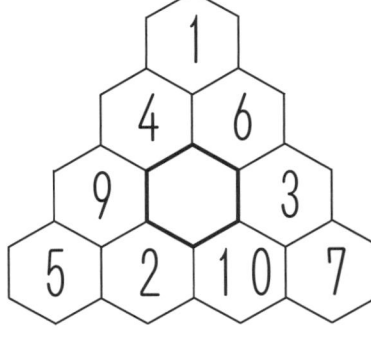 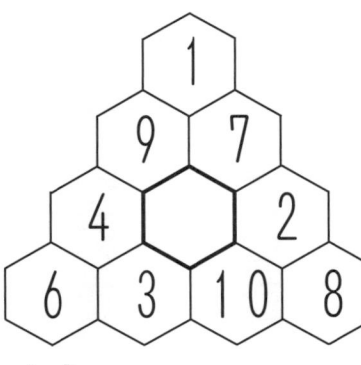 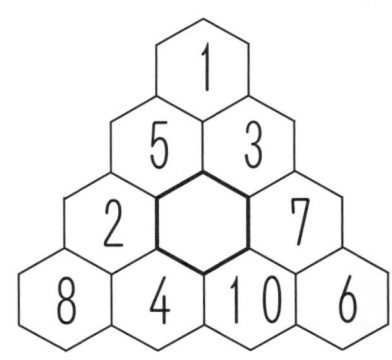

じゅんばんに　なるように　□に　かずを　いれよう。

7 － 8 － □　　　4 － 5 － □　　　6 － □ － 8　　　□ － 4 － 5

5 － 4 － □　　　9 － 8 － □　　　□ － 4 － 3　　　7 － □ － 5

なまえ

ぶろっくは　いくつ　ある？

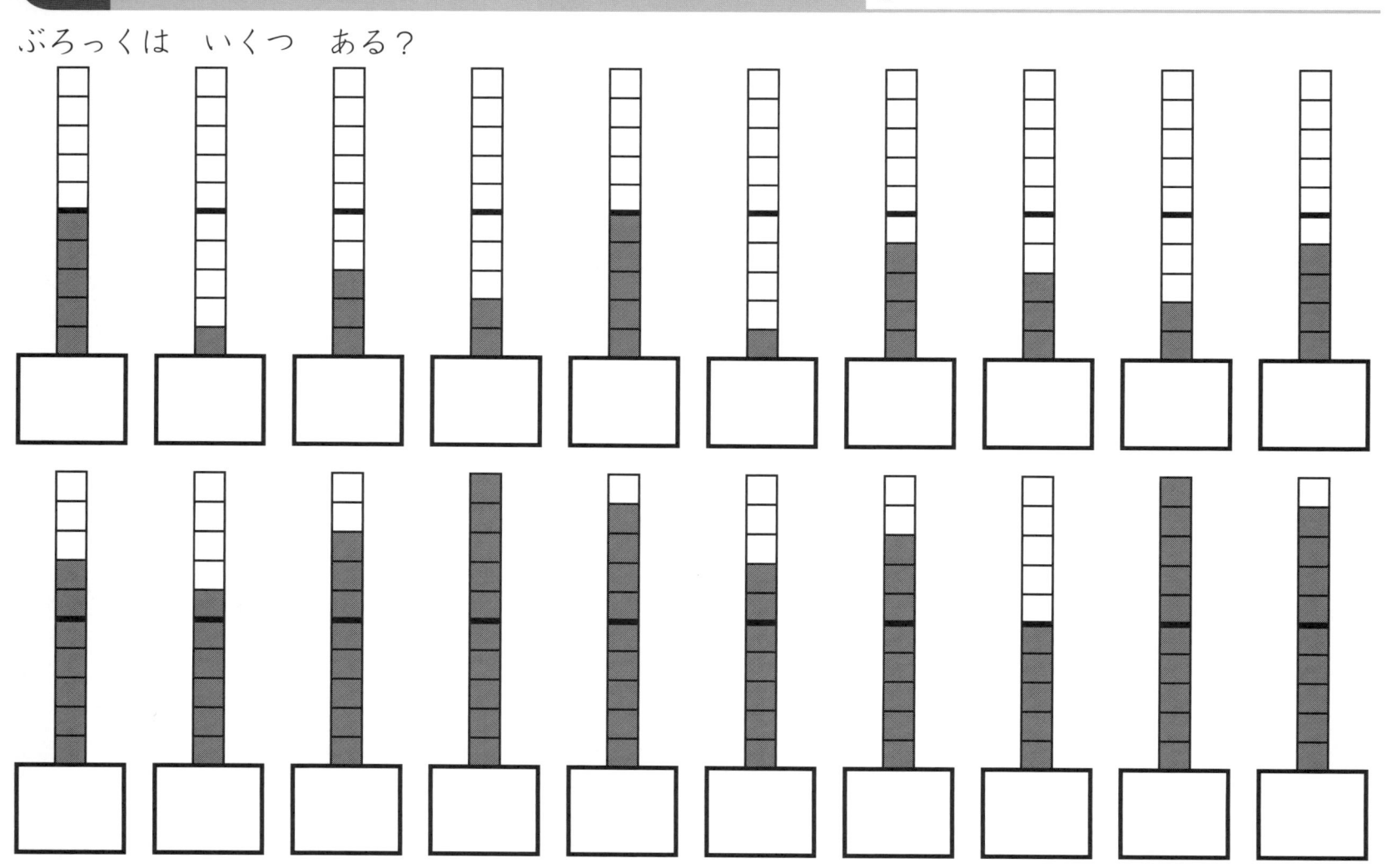

ぶろっくは　いくつ　ある？

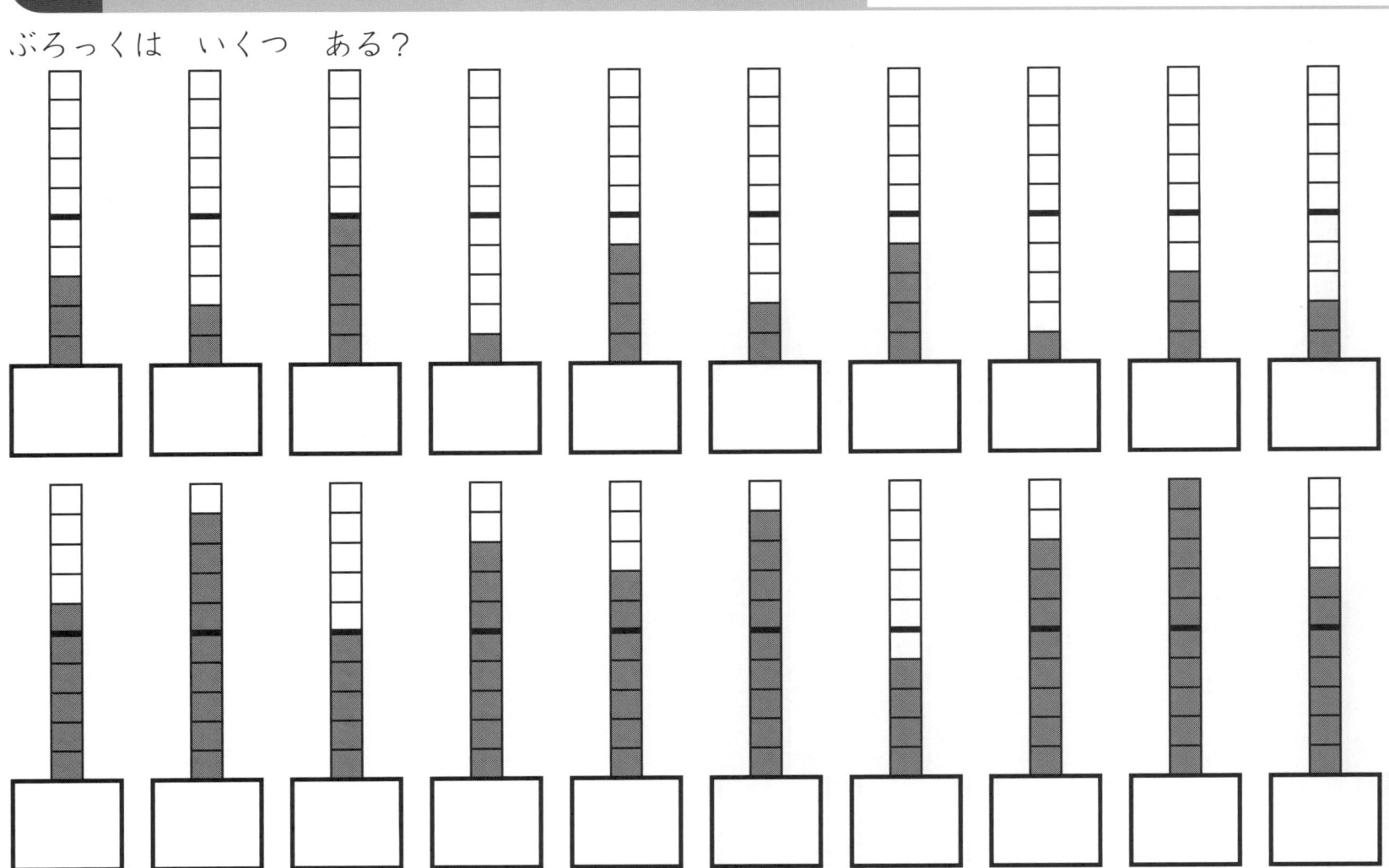

ぶろっくは　いくつ　ある？

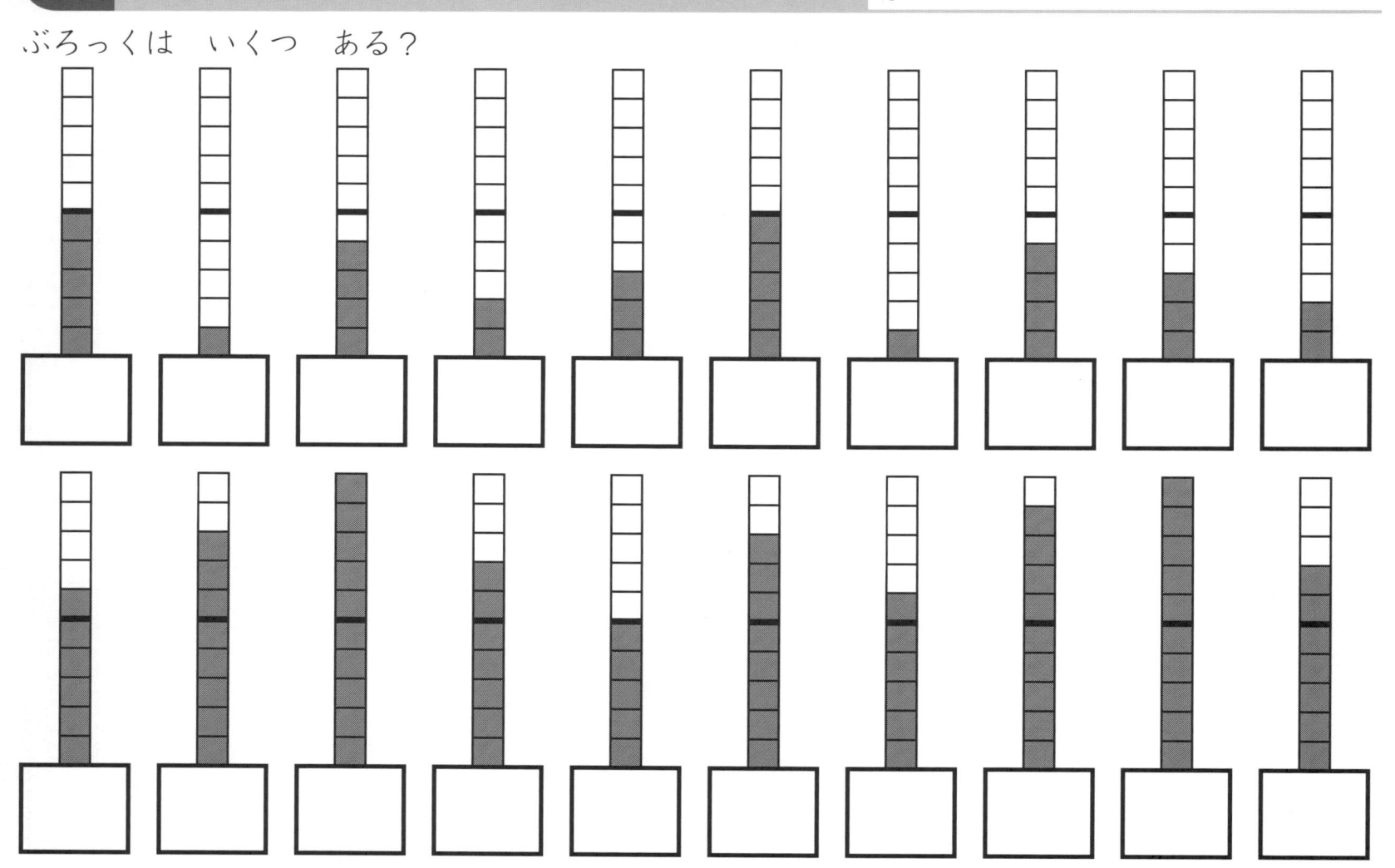

いくつ ある？❹

ぶろっくは　いくつ　ある？（5の　ぶろっくに　きをつけて）

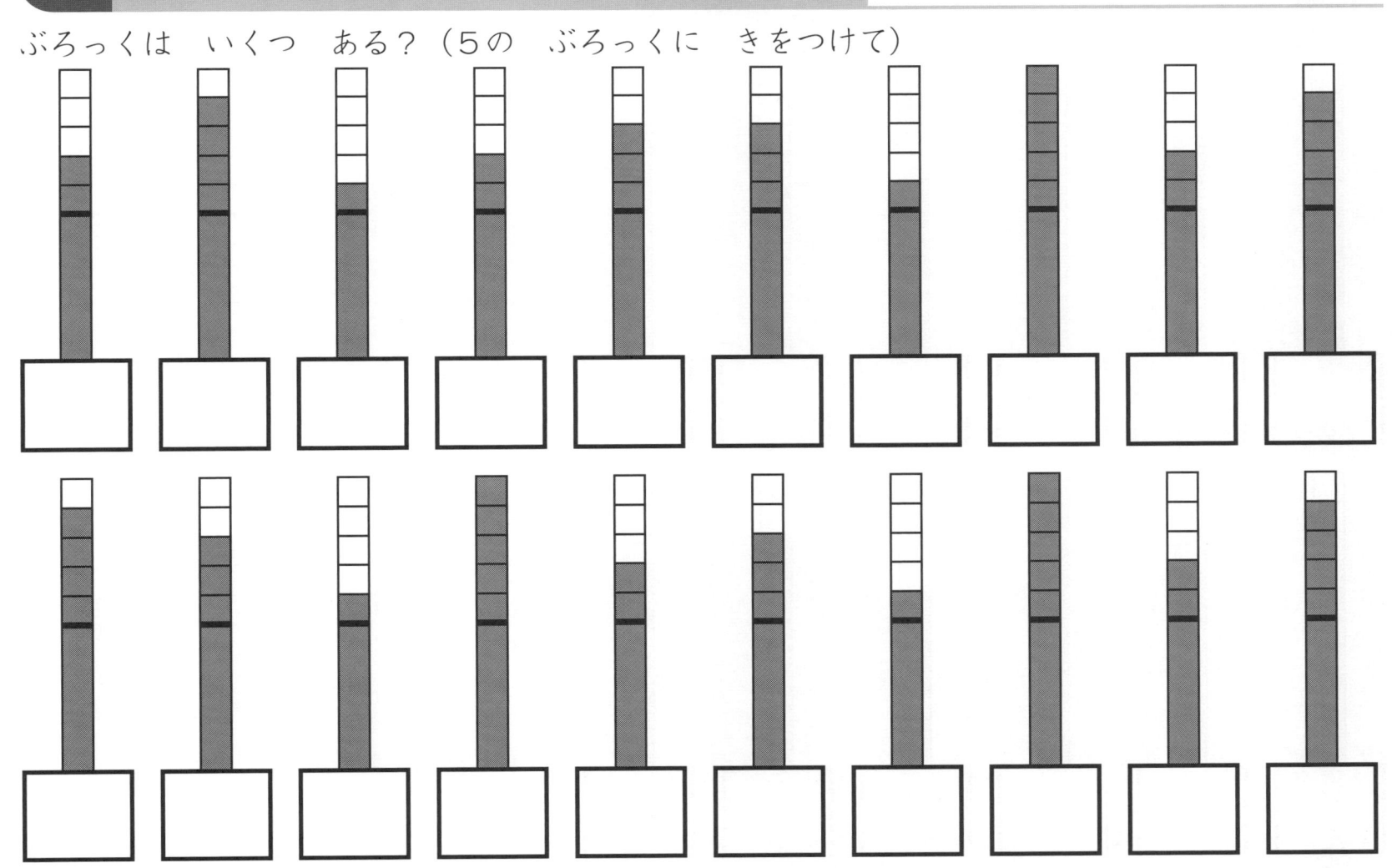

ぶろっくは　いくつ　ある？（5の　ぶろっくに　きをつけて）

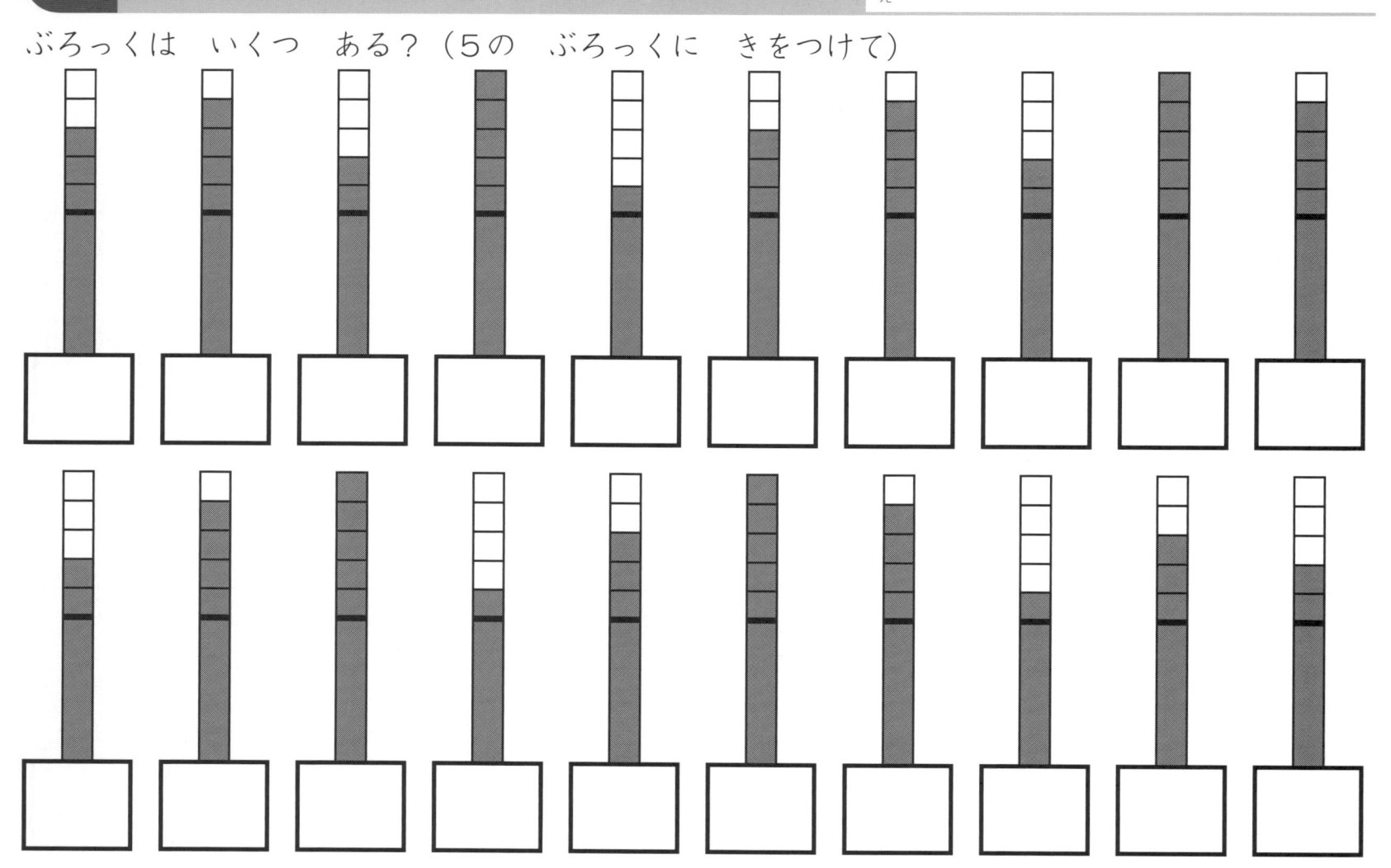

なまえ

ぶろっくは いくつ ある？（5の ぶろっくに きをつけて）

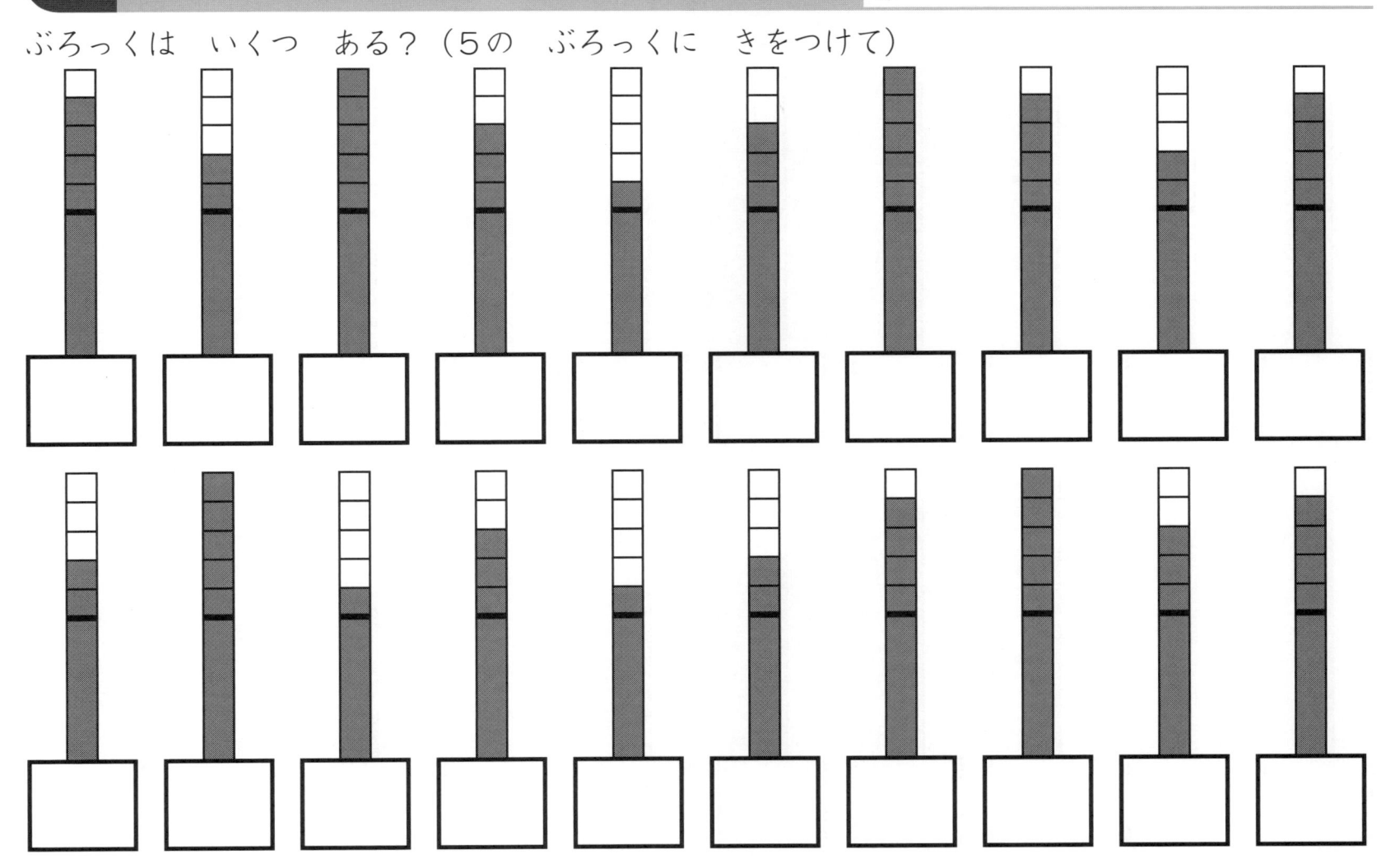

33

ぶろっくは いくつ ある？（しろい ぶろっくが ひんとだよ）

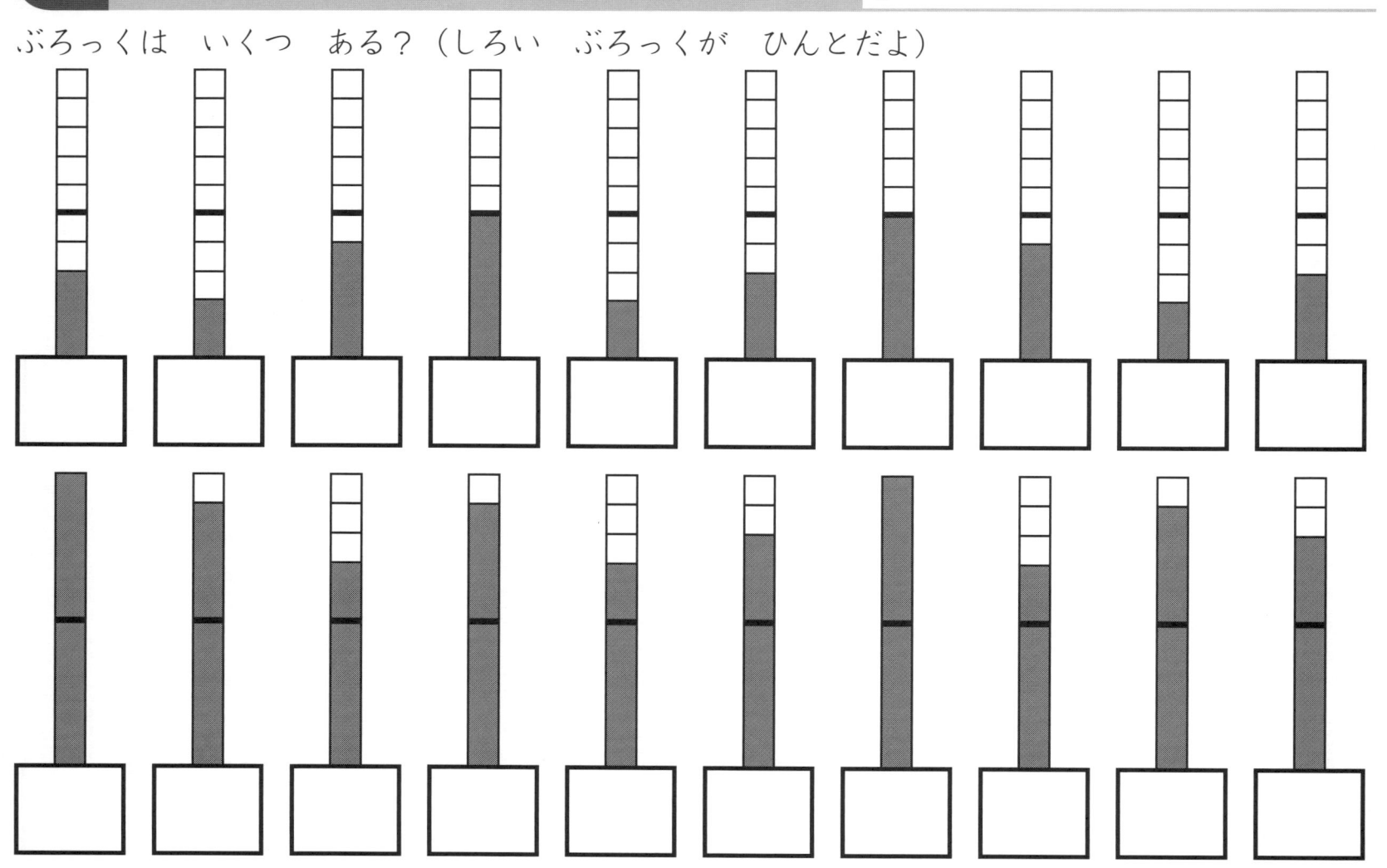

ぶろっくは　いくつ　ある？（しろい　ぶろっくが　ひんとだよ）

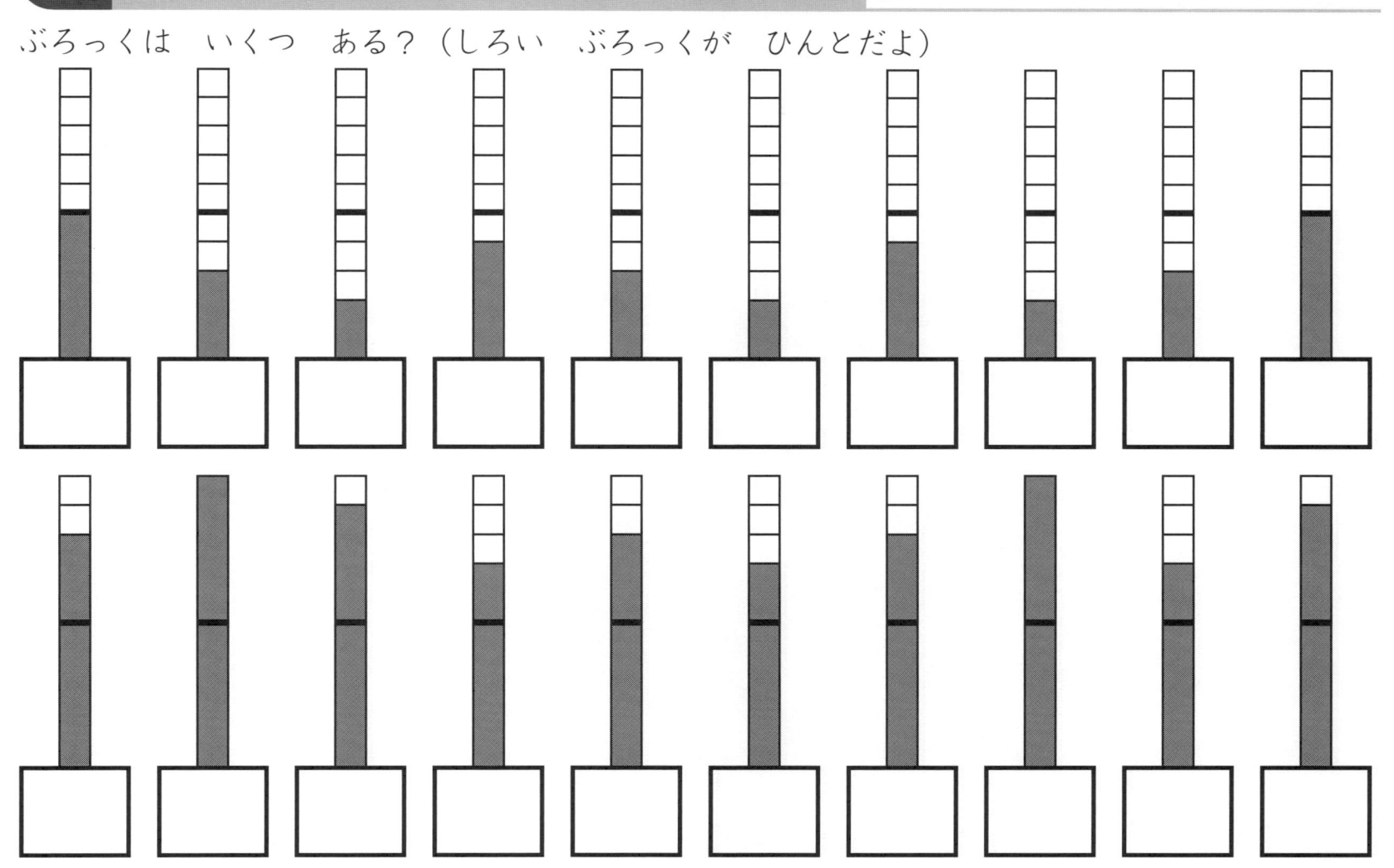

なまえ

ぶろっくは いくつ ある？（しろい ぶろっくが ひんとだよ）

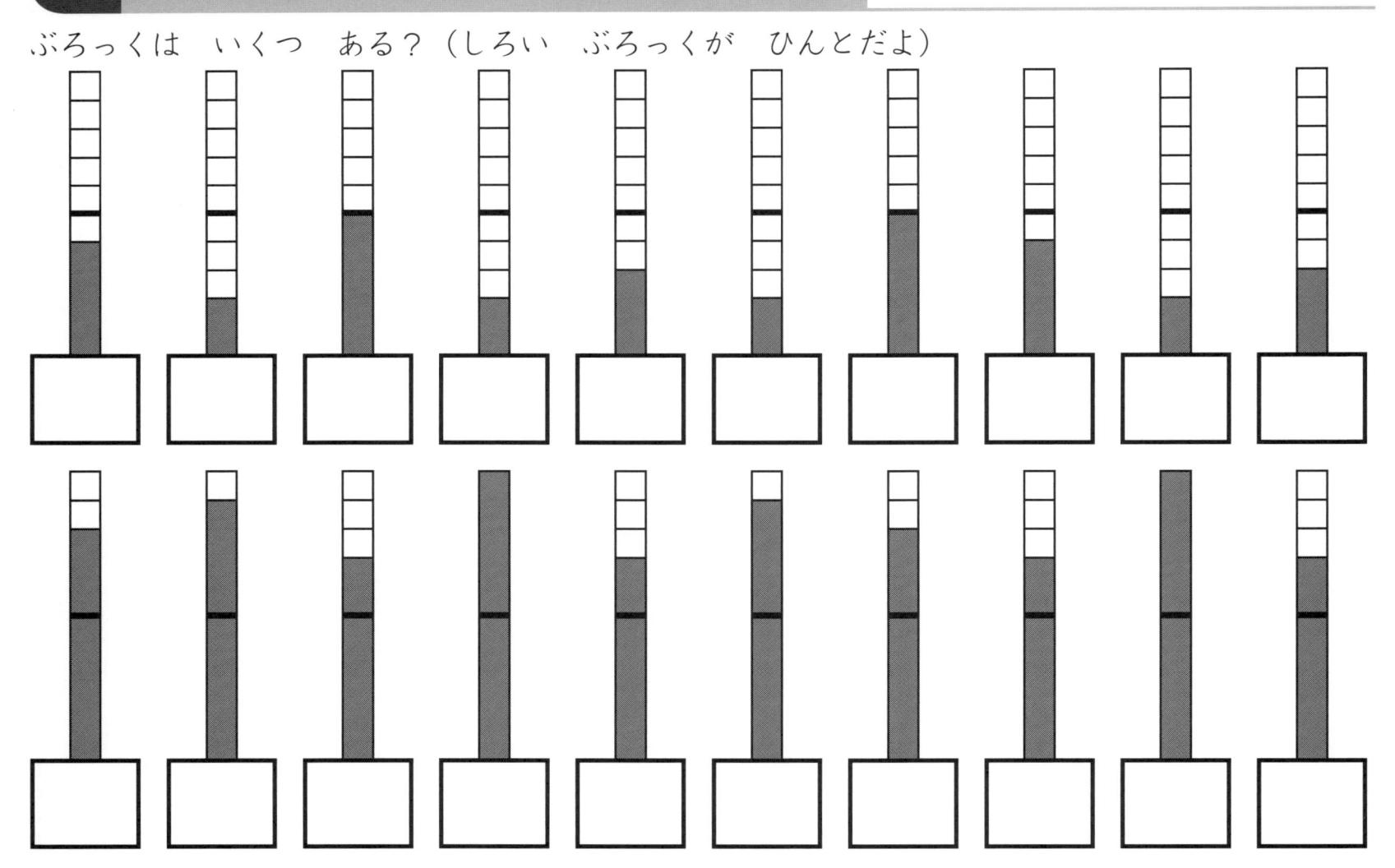

36

ぶろっくは　いくつ　ある？

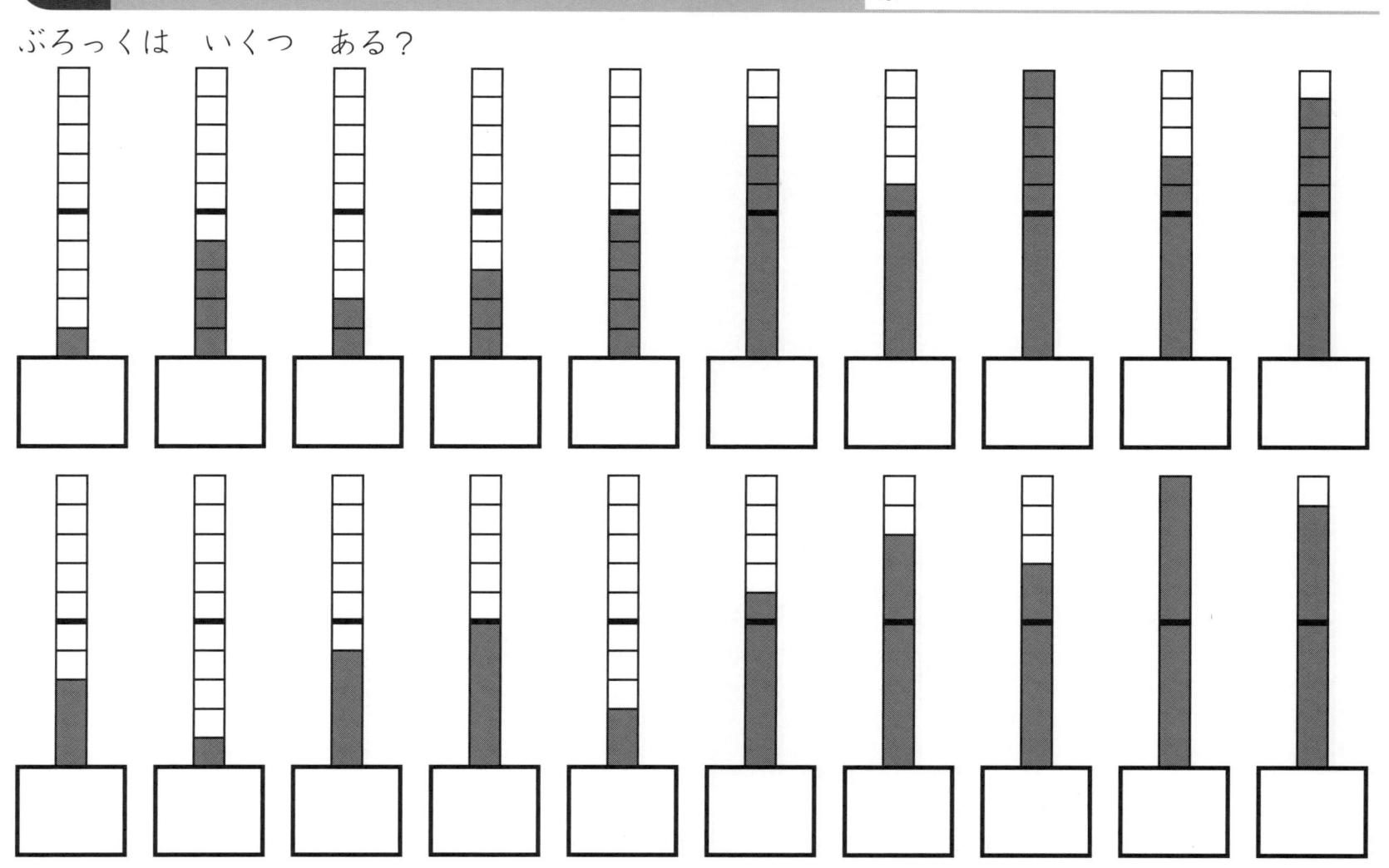

ぶろっくは　いくつ　ある？

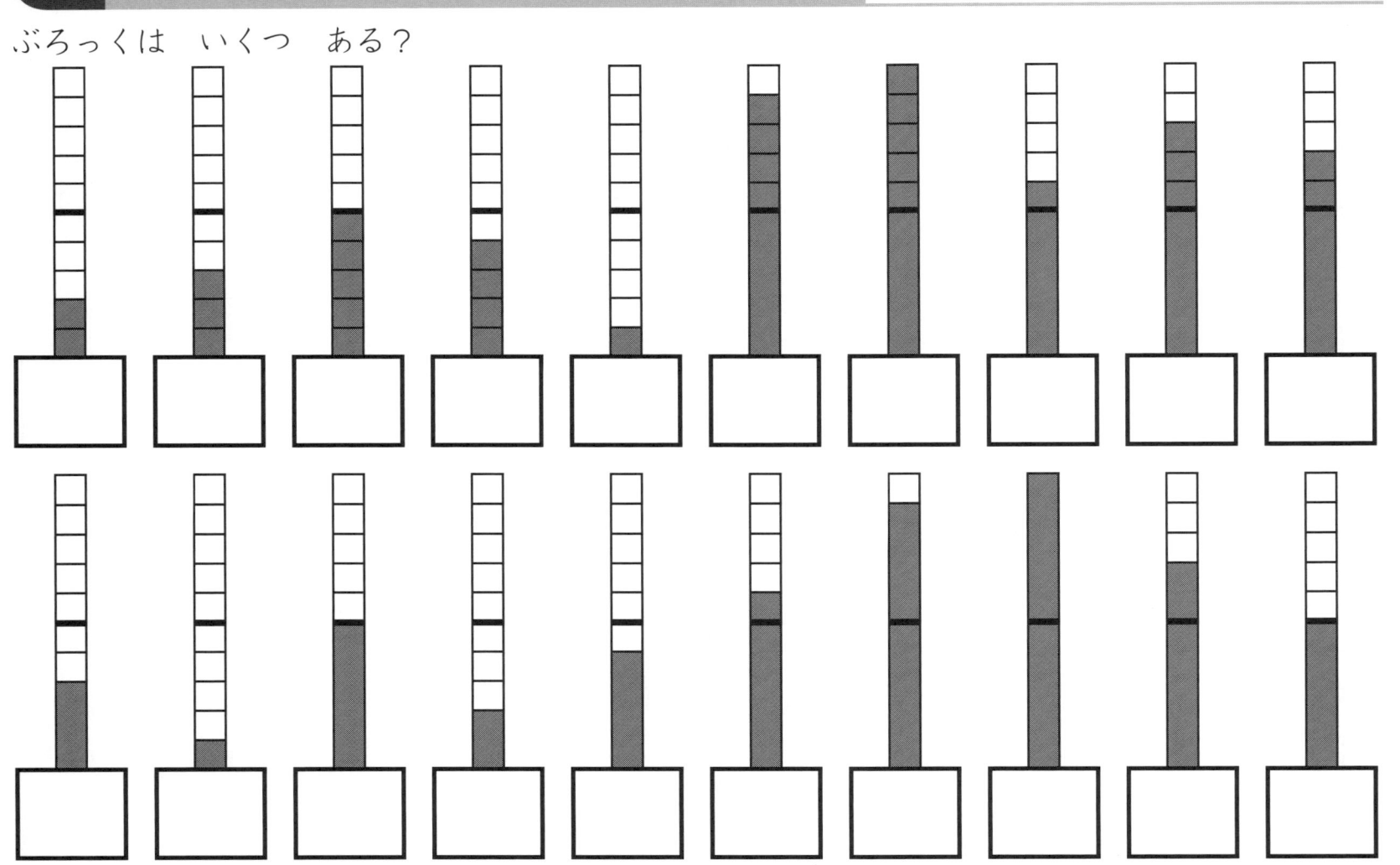

ぶろっくは　いくつ　ある？

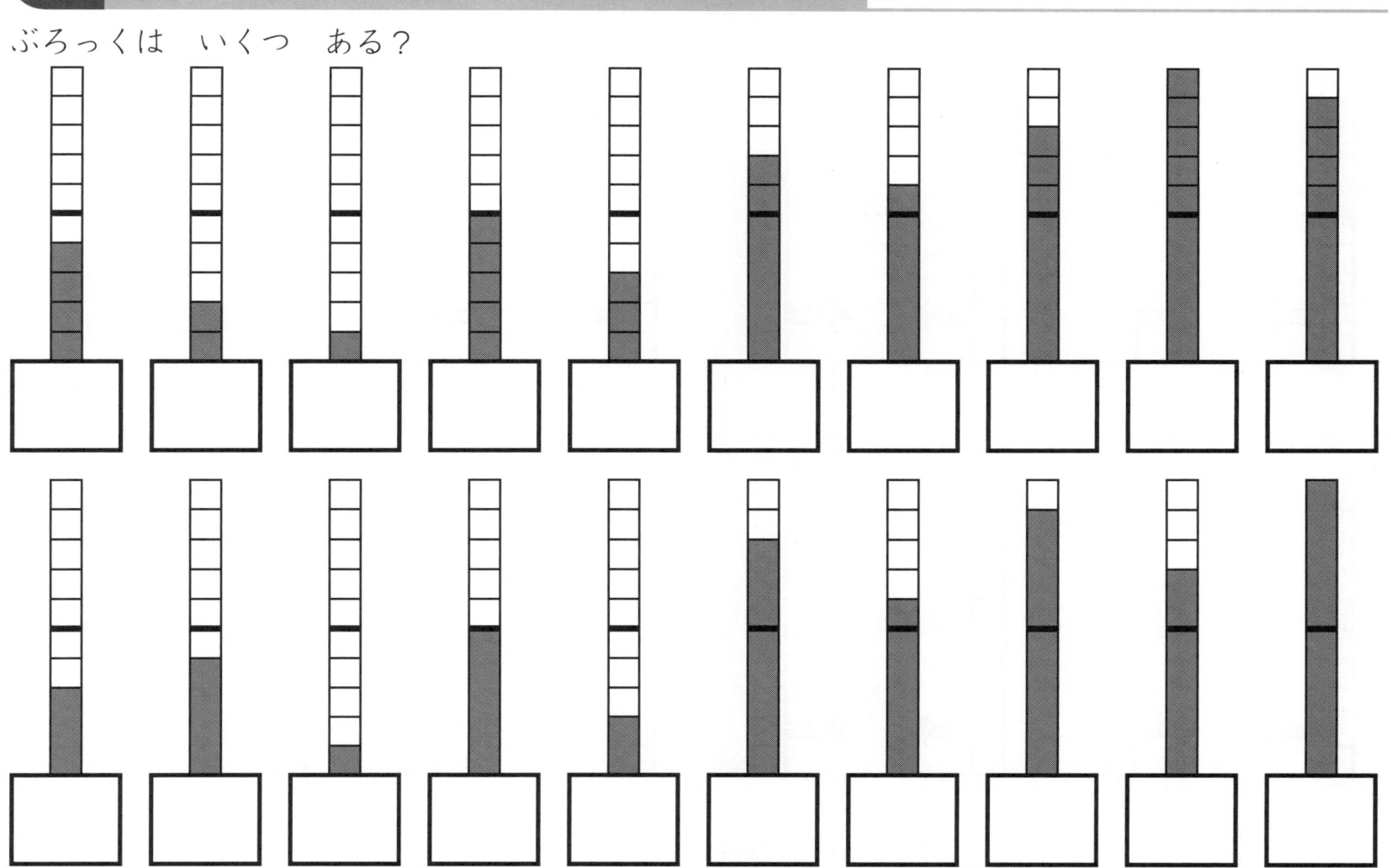

なまえ

ふたつの　ぶろっくを　あわせよう。

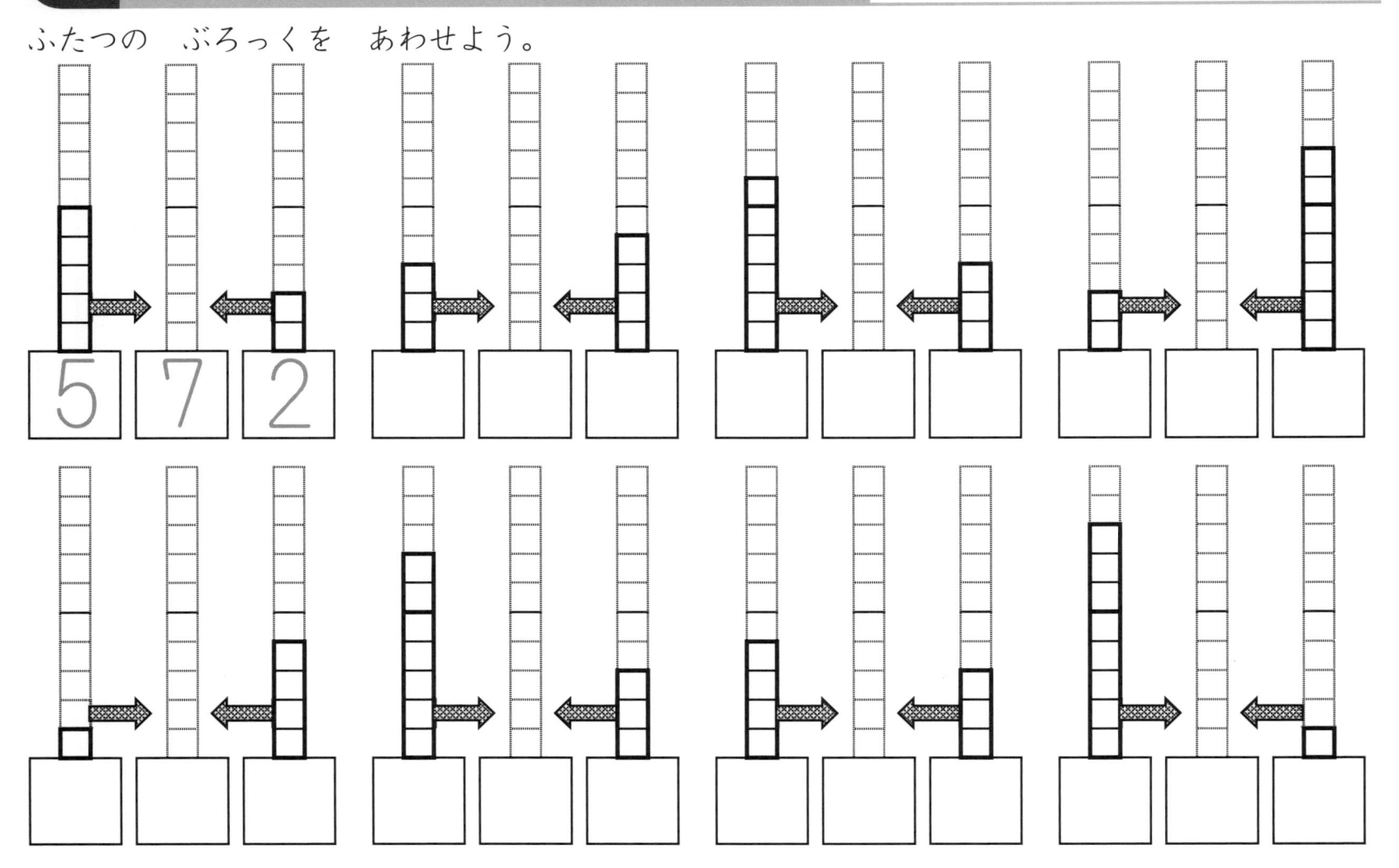

ふたつの　ぶろっくを　あわせよう。

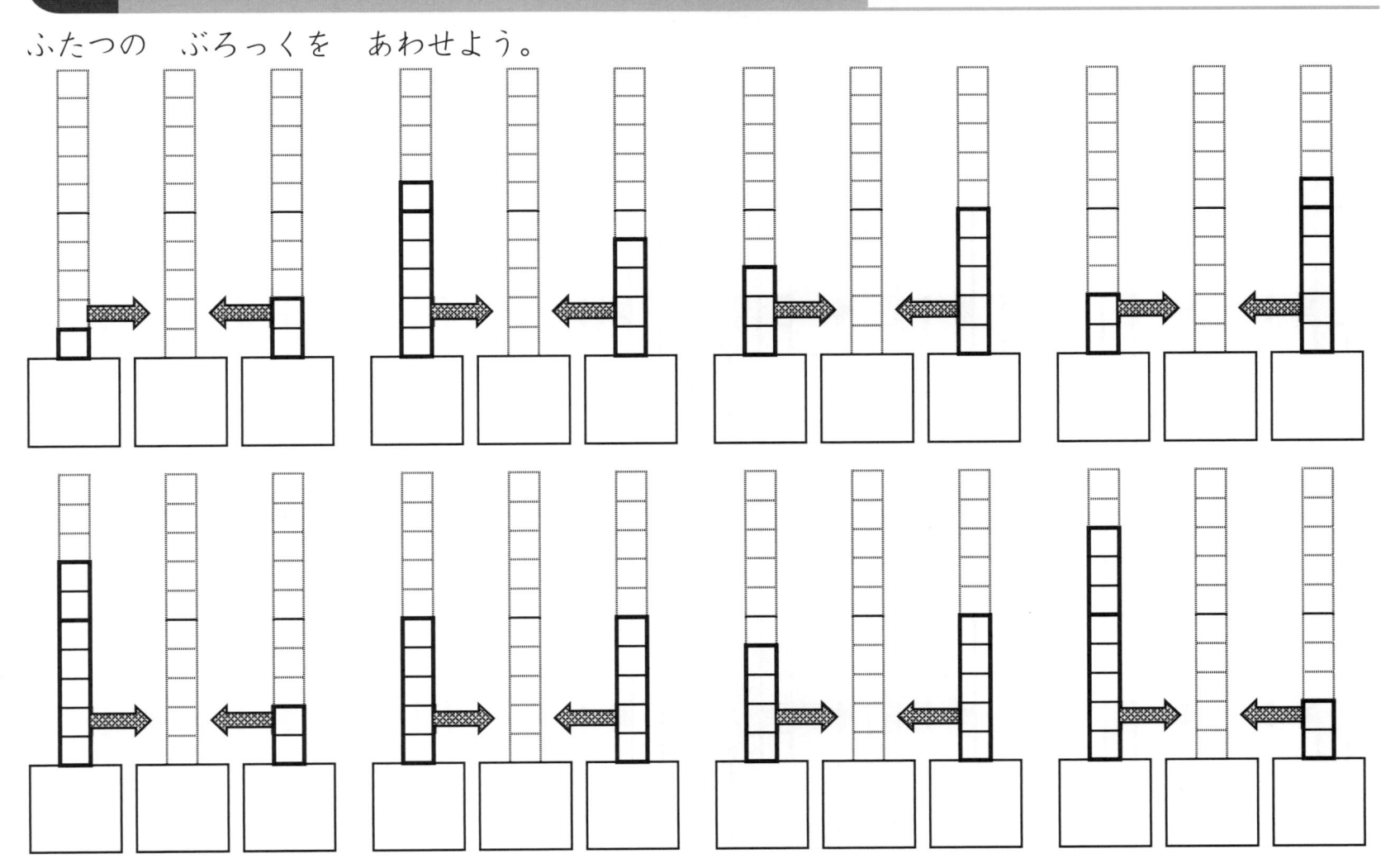

ふたつの ぶろっくを あわせよう。

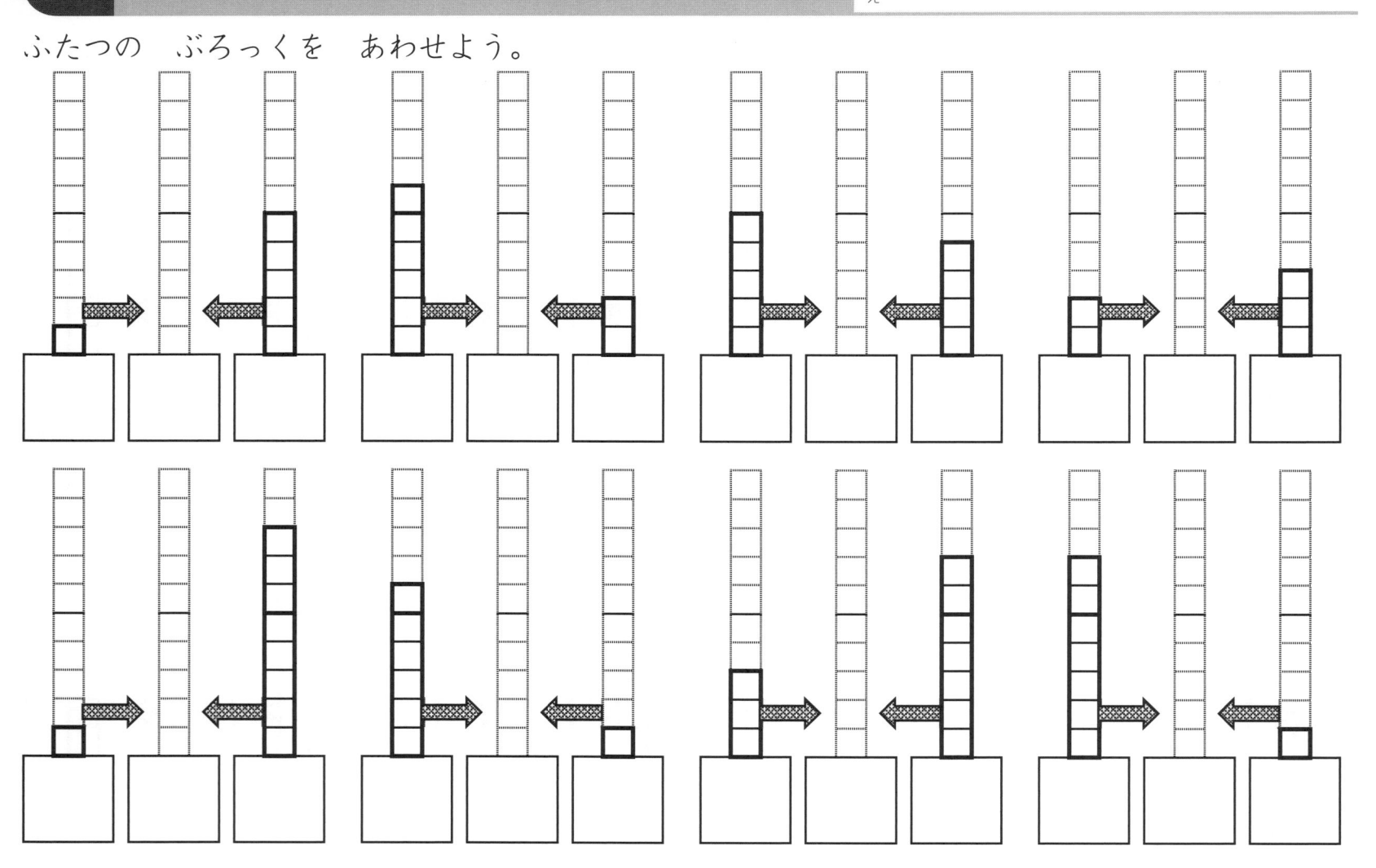

ふたつの ぶろっくを あわせよう。

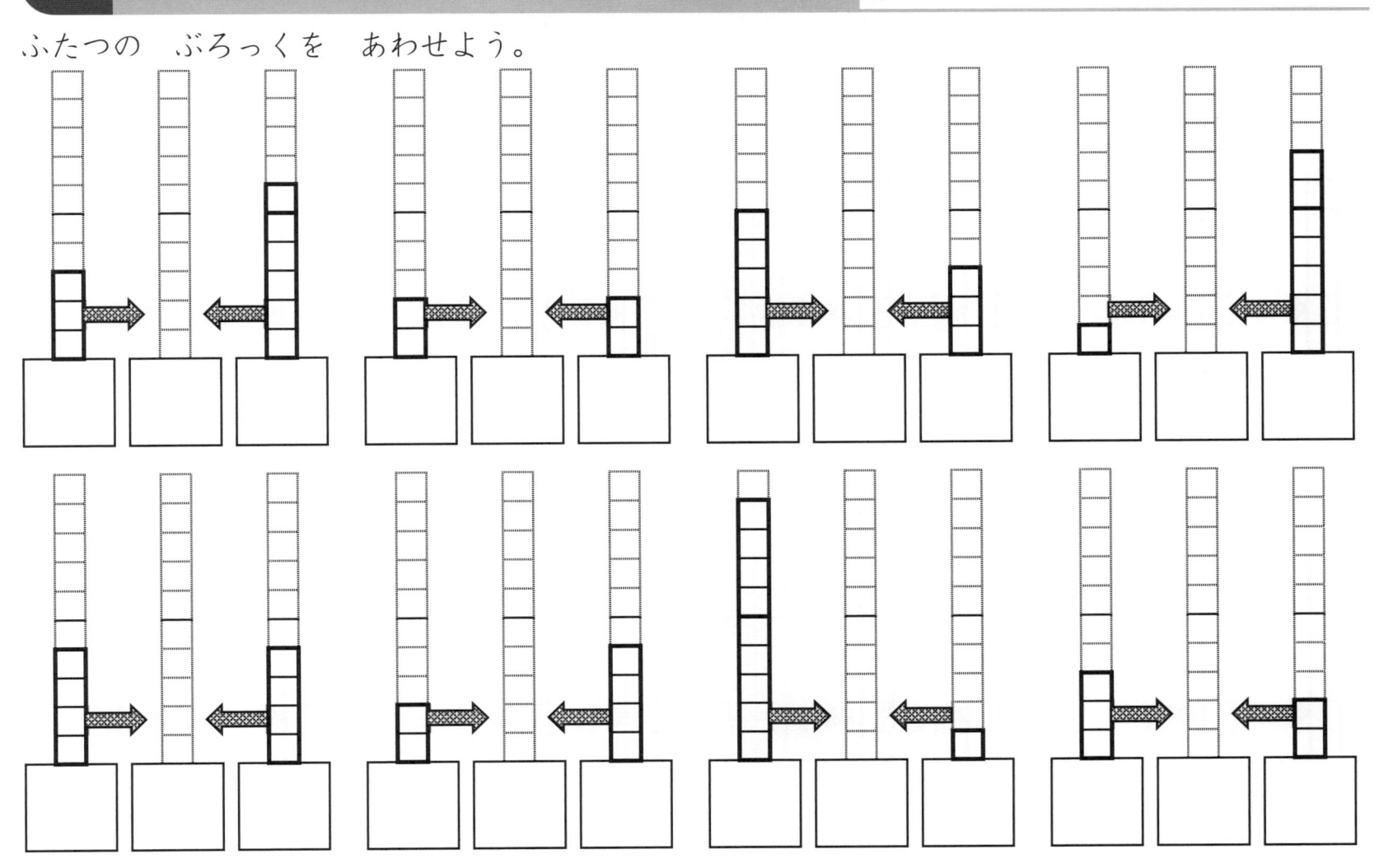

なまえ

ぶろっくを わけよう。

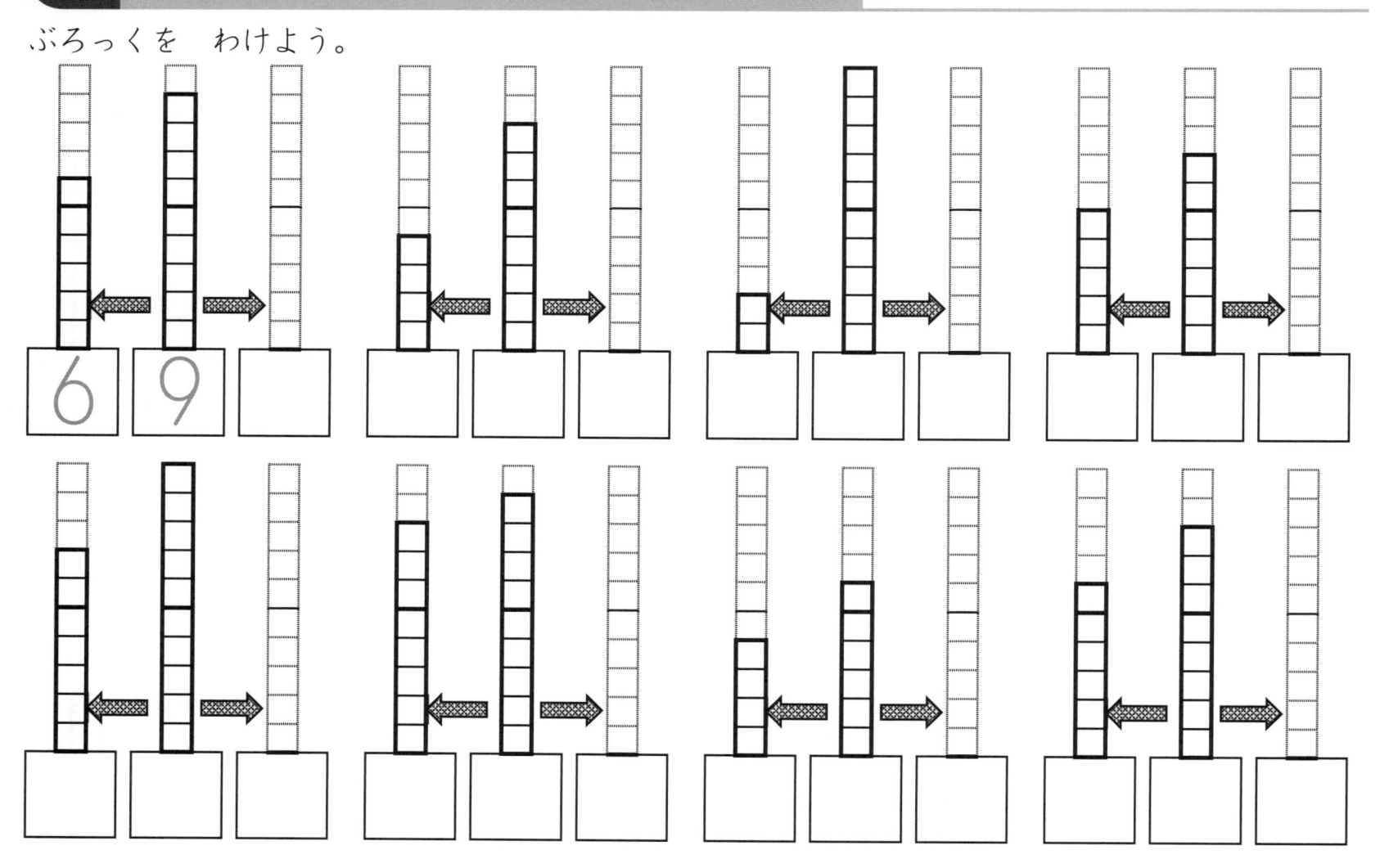

ぶろっくを　わけよう。

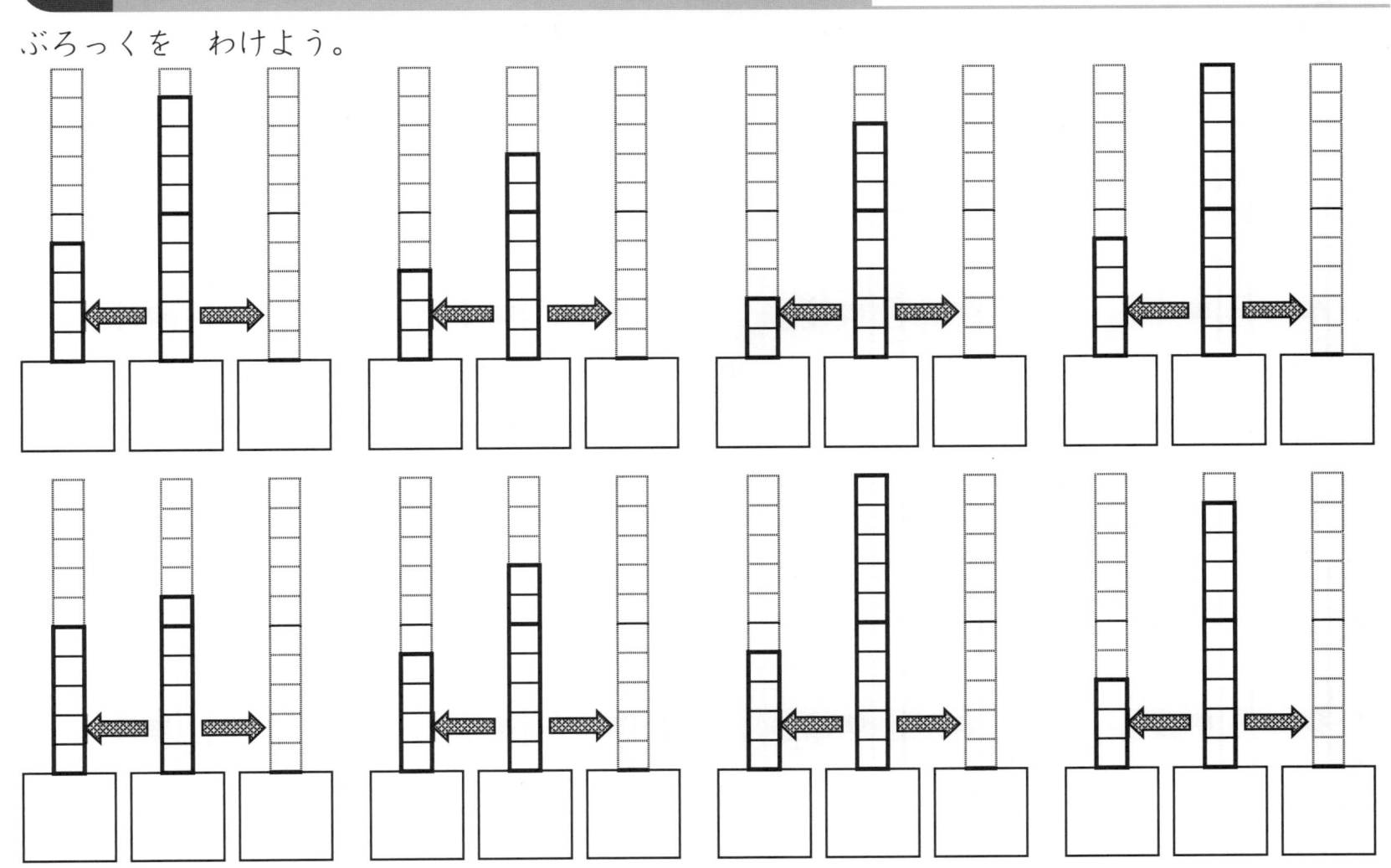

なまえ

ぶろっくを わけよう。

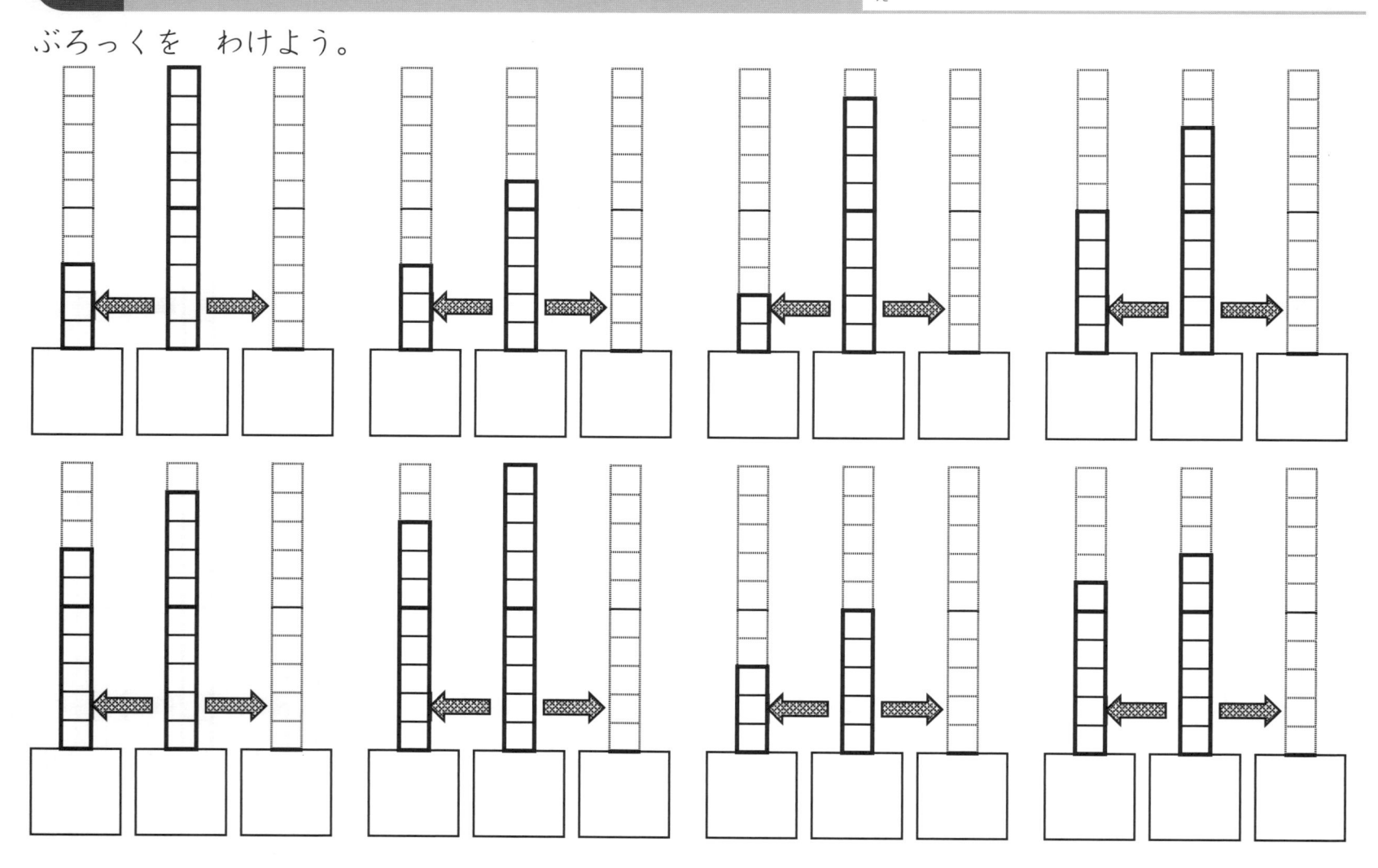

36 わけよう④

なまえ

ぶろっくを わけよう。

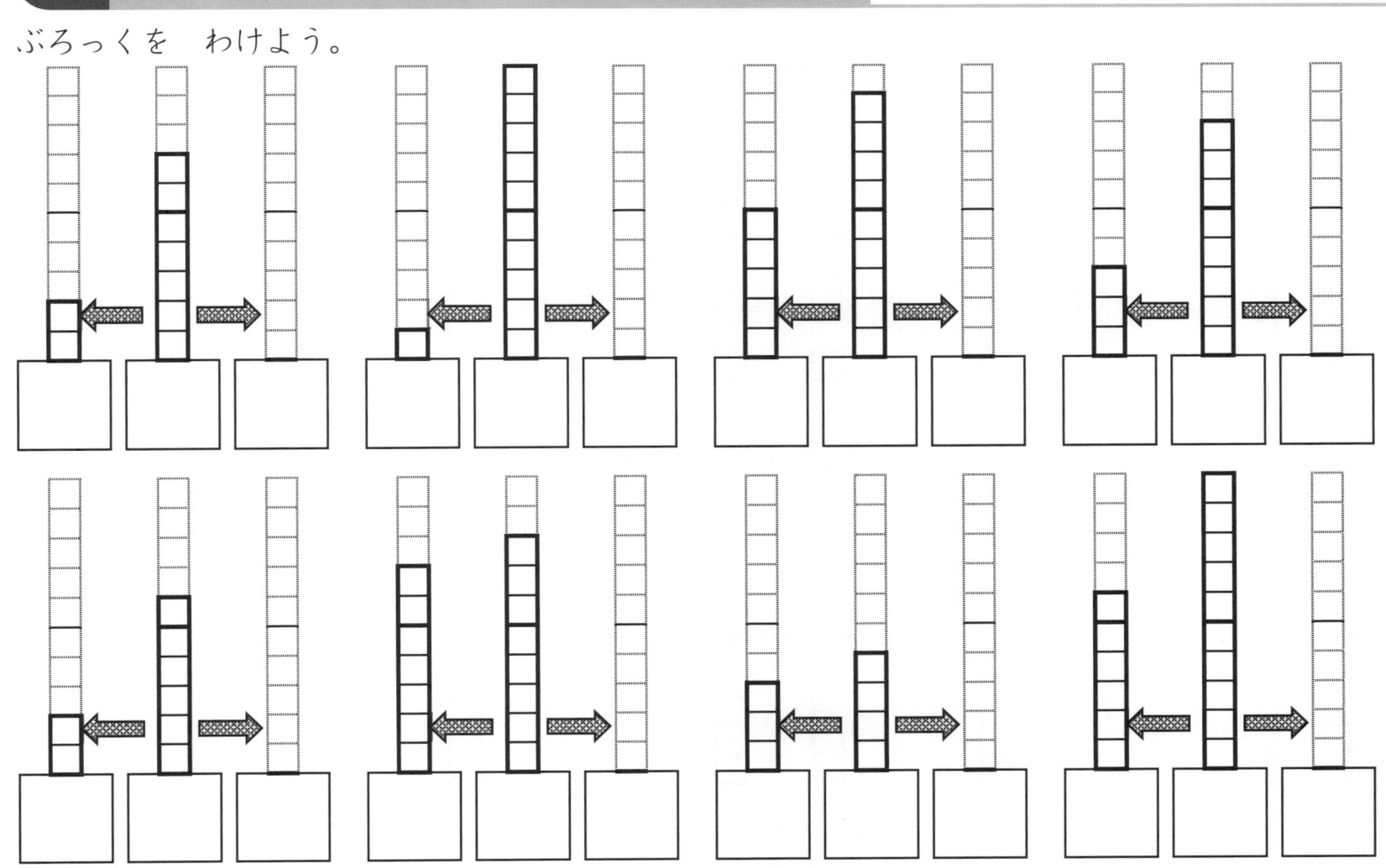

ぶろっくを　あわせて　たしざんを　しよう。

2 + 3 =	+ =	+ =	+ =	+ =
+ =	+ =	+ =	+ =	+ =

ぶろっくを あわせて たしざんを しよう。

2 + 2 =	+ =	+ =	+ =	+ =
+ =	+ =	+ =	+ =	+ =

たしざんを　しよう❸

ぶろっくを　あわせて　たしざんを　しよう。

3 + 2 =	+ =	+ =	+ =	+ =
+ =	+ =	+ =	+ =	+ =

たしざんを しよう❹

ぶろっくを あわせて たしざんを しよう。

2 + 2 =	+ =	+ =	+ =	+ =

+ =	+ =	+ =	+ =	+ =

たしざんを　しよう❺

ぶろっくを　あわせて　たしざんを　しよう。

2 + 3 =	+ =	+ =	+ =	+ =
+ =	+ =	+ =	+ =	+ =

ぶろっくを あわせて たしざんを しよう。

3 + 2 =	+ =	+ =	+ =	+ =
+ =	+ =	+ =	+ =	+ =

なまえ

ぶろっくを あわせて たしざんを しよう。

2 + 3 =

+ =

+ =

+ =

+ =

+ =

+ =

+ =

+ =

+ =

たしざんを　しよう❽

ぶろっくを　あわせて　たしざんを　しよう。

＋	＋	＋	＋	＋
3 ＋ 2 ＝	＋　＝	＋　＝	＋　＝	＋　＝
＋	＋	＋	＋	＋
＋　＝	＋　＝	＋　＝	＋　＝	＋　＝

ぶろっくを とって ひきざんを しよう。

3 - 2 =

＿ － ＿ ＝

＿ － ＿ ＝

＿ － ＿ ＝

＿ － ＿ ＝

＿ － ＿ ＝

＿ － ＿ ＝

＿ － ＿ ＝

＿ － ＿ ＝

＿ － ＿ ＝

ひきざんを しよう❷

ぶろっくを とって ひきざんを しよう。

2 - 1 =

　－　＝

　－　＝

　－　＝

　－　＝

　－　＝

　－　＝

　－　＝

　－　＝

　－　＝

ぶろっくを とって ひきざんを しよう。

3 - 1 =

_ _ =

_ _ =

_ _ =

_ _ =

_ _ =

_ _ =

_ _ =

_ _ =

_ _ =

ひきざんを　しよう❹

ぶろっくを　とって　ひきざんを　しよう。

4 - 3 =

－　＝

－　＝

－　＝

－　＝

－　＝

－　＝

－　＝

－　＝

－　＝

なまえ

ぶろっくを　とって　ひきざんを　しよう。

$4 - 2 =$

ひきざんを　しよう❻

ぶろっくを　とって　ひきざんを　しよう。

$4 - 1 =$

$- =$

$- =$

$- =$

$- =$

$- =$

$- =$

$- =$

$- =$

$- =$

51 ひきざんを しよう❼

ぶろっくを とって ひきざんを しよう。

4 - 3 =

＿ － ＿ ＝

＿ － ＿ ＝

＿ － ＿ ＝

＿ － ＿ ＝

＿ － ＿ ＝

＿ － ＿ ＝

＿ － ＿ ＝

＿ － ＿ ＝

＿ － ＿ ＝

ぶろっくを とって ひきざんを しよう。

2 - 1 =

_ _ =

_ _ =

_ _ =

_ _ =

_ _ =

_ _ =

_ _ =

_ _ =

_ _ =

くり上がり・くり下がりのないたし算ひき算 習熟トレーニングワーク

■ 算数で必要なスキル

　算数では、計算スキル以外にも様々なスキルを使います。

　その1つが「ワーキングメモリー」です。ワーキングメモリーとは、ある一連の作業をするときに使用する一時的な情報記憶機能です。かけ算の筆算では、計算過程で出てきた数を一時的に記憶してそれを使いながら計算をします。かけ算の筆算に限らず算数ではワーキングメモリーを使う場面が多くあります。また、試行錯誤する力も大切です。課題を見て解決の道筋が見えないと、全くやろうとしない子どもがいますが、特に間違いを恐れるタイプの子どもに多いようです。数字や符号を入れて式を完成させる問題であれば、とりあえず数字や符号を入れて確かめる、うまくいかなければそれを入れ替えるなどの試行錯誤をしているうちに、解決の糸口が見えてくる場合もあります。間違いを恐れずに試行錯誤ができる能力は、算数に限らず大切な能力です。道筋を考える力も大切です。課題を見たら後先を考えずに手をつけてしまって収拾がつかなくなり、混乱してしまう子どもがいます。まずは、全体を見て、解決の道筋を考えて、課題に取り組むようにします。

■ 10までの加減習熟トレーニングワークの内容

　ここでは、算数学習で必要なスキルを使った、少しゲーム的な要素も取り入れた計算練習ワークを紹介します。長期休みなどにゆっくり取り組むのもいいですね。

❶めいろの　とちゅうに　いくつ　ある？

　迷路の途中にある果物などの数を数えます。迷路をたどることと数を数えることを同時にすることで、数を数える練習とワーキングメモリーの練習になります。

❷しきの　なる　き

　ある決められた答えになるものに色を塗ります。色塗り遊びをしながら数的事実としての式と答えを覚えます。

❸あんごう　かいどく

　計算をすると暗号が解けます。計算間違いをすると暗号が解けないので、計算間違いに気づき自己修正ができます。

❹くろす　けいさん

　重なり合った2つの計算式の抜けているところに数を入れます。解いていく見通しを立てて課題に取り組みます。

❺かずを　いれて　しき　かんせい

　演算子と答えだけの計算式に数字を入れて式を完成させます。数字を入れ替えて、試行錯誤しながら問題を解決します。

❻おなじ　かずを　いれて　しき　かんせい

　式が成り立つように□に同じ数を入れます。数字を入れ替え、試行錯誤しながら問題を解決します。

でぐちまでに　くだものは　いくつ　ある？

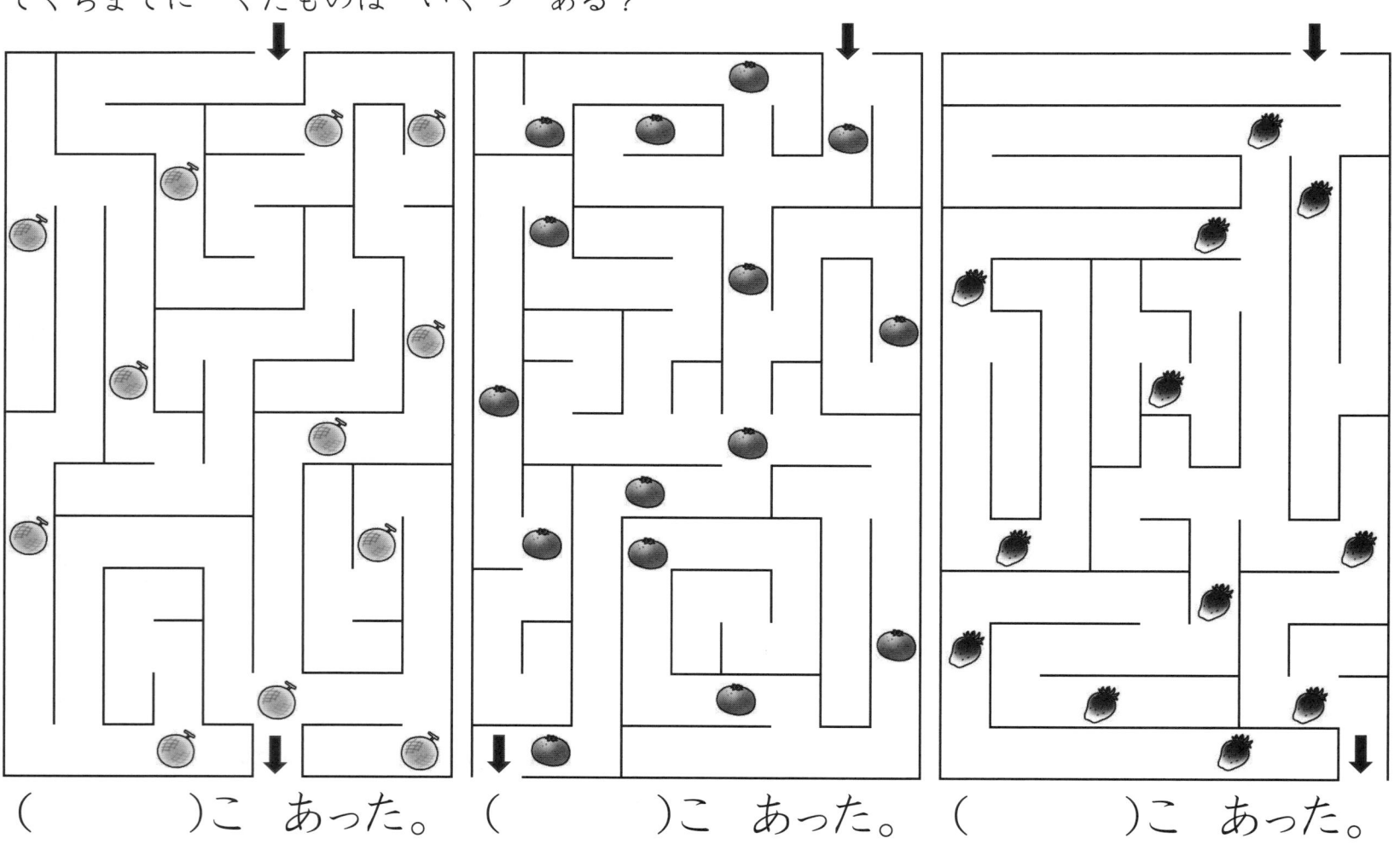

（　　　）こ　あった。（　　　）こ　あった。（　　　）こ　あった。

でぐちまでに　くだものは　いくつ　ある？

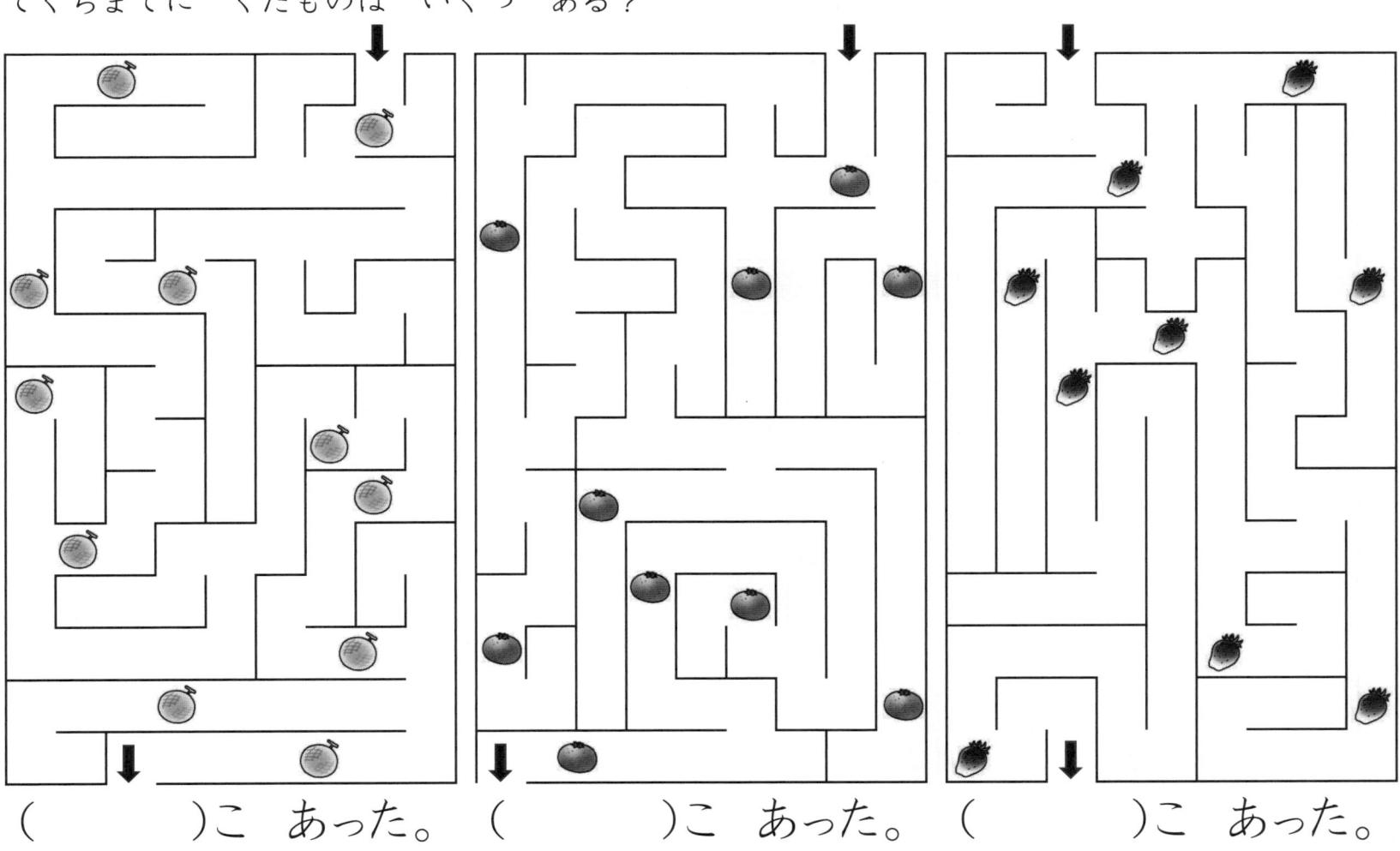

（　　　　）こ　あった。　（　　　　）こ　あった。　（　　　　）こ　あった。

でぐちまでに　くだものは　いくつ　ある？

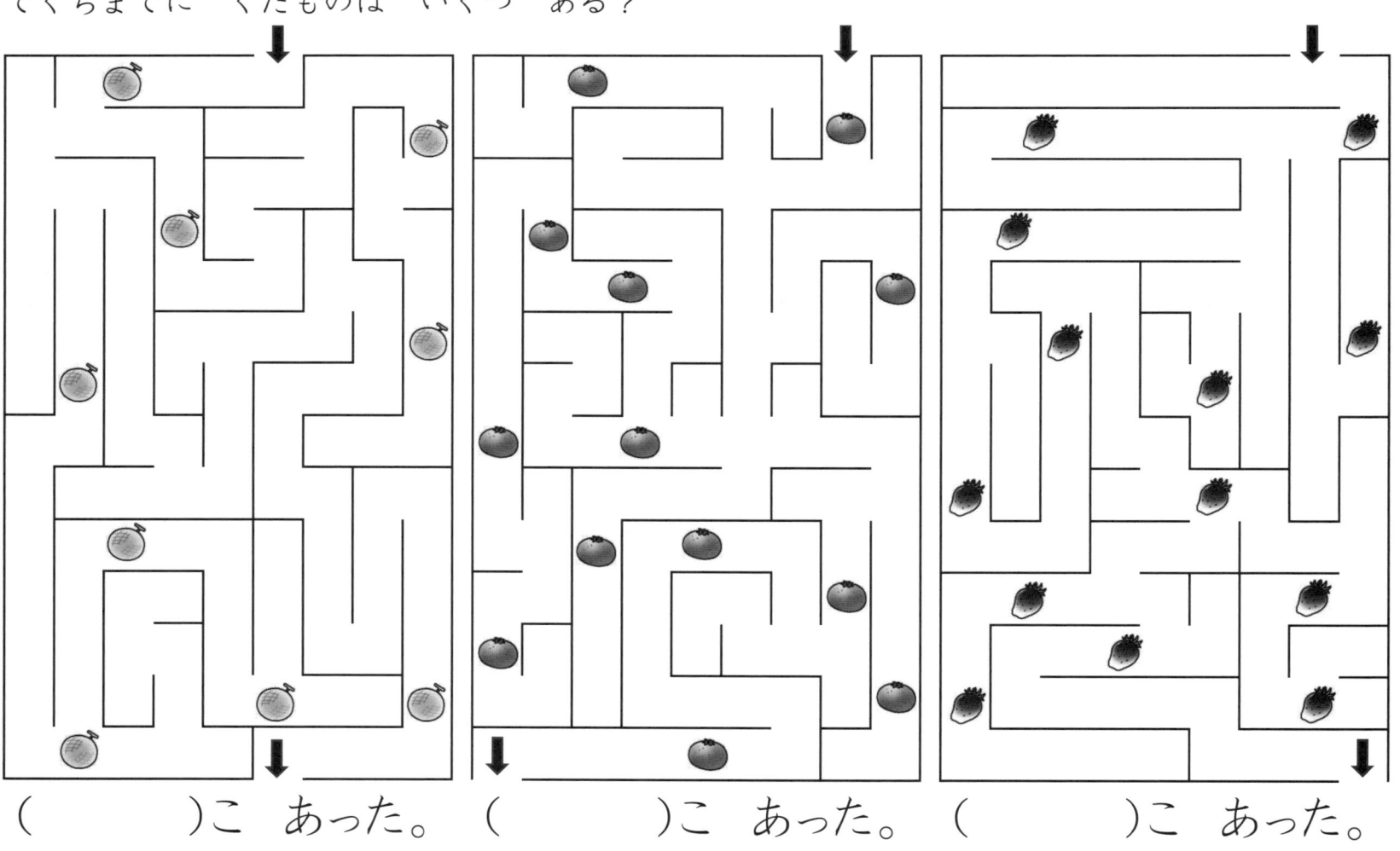

（　　　　　）こ　あった。　（　　　　　）こ　あった。　（　　　　　）こ　あった。

でぐちまでに　くだものは　いくつ　ある？

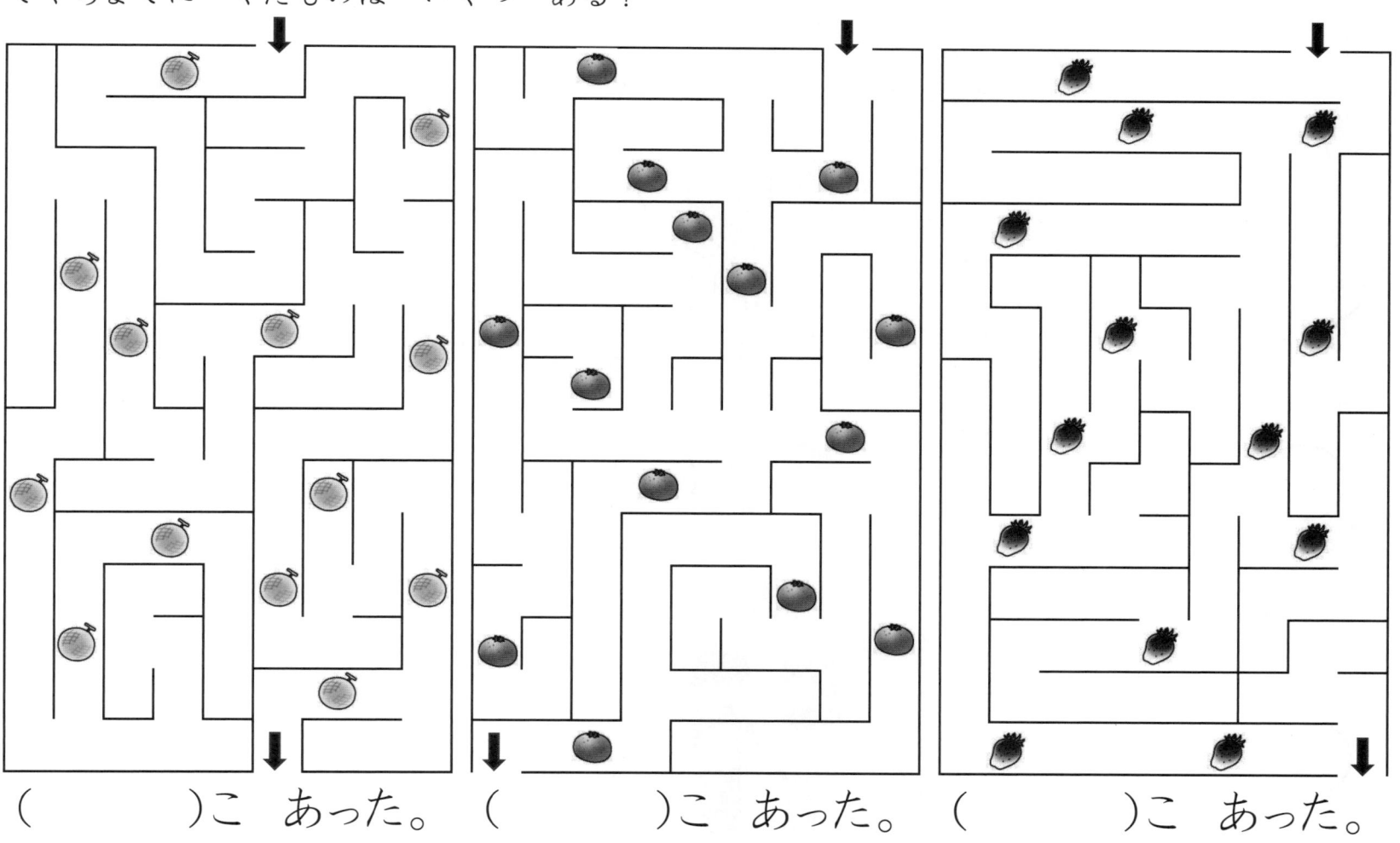

（　　　　）こ　あった。（　　　　）こ　あった。（　　　　）こ　あった。

9になる りんごに
いろを ぬってね。

こたえが 8になる りんごに
いろを ぬってね。

58 しきの なる き❷

なまえ

2になる りんごは どれ？
いろを ぬってね。

3になる りんご わかる？
いろを ぬってね。

71

4になる りんごに いろを ぬってね。

5になる りんごは ど〜れだ？ いろを ぬってね。

6になる りんご みつかった？

7になる りんごを さがして いろを ぬってね。

なまえ

けいさんを　して　あんごうひょうの　もじを　いれよう。　できた　しつもんの　こたえに　○を　つけよう。

こたえ　あんごう

あんごうひょう
1 な
2 ぶ
3 な
4 い
5 つ
6 が
7 ど
8 は
9 う
10 の

① 2 + 1 = ＿＿＿

② 2 + 4 = ＿＿＿

③ 1 + 3 = ＿＿＿

④ 6 + 2 = ＿＿＿

⑤ 1 + 0 = ＿＿＿

⑥ 6 + 4 = ＿＿＿

⑦ 5 + 2 = ＿＿＿

⑧ 5 + 4 = ＿＿＿

⑨ 1 + 1 = ＿＿＿

⑩ 3 + 2 = ＿＿＿

こたえ　あんごう

あんごうひょう
1 た
2 な
3 は？
4 あ
5 お
6 し
7 の
8 い
9 あ
10 か

① 2 + 2 = ＿＿＿

② 0 + 2 = ＿＿＿

③ 3 + 4 = ＿＿＿

④ 7 + 2 = ＿＿＿

⑤ 4 + 4 = ＿＿＿

⑥ 0 + 1 = ＿＿＿

⑦ 4 + 1 = ＿＿＿

⑧ 3 + 7 = ＿＿＿

⑨ 3 + 3 = ＿＿＿

⑩ 3 + 0 = ＿＿＿

けいさんを　して　あんごうひょうの　もじを　いれよう。　できた　しつもんの　こたえに　○を　つけよう。

左の問題

こたえ　あんごう

あんごうひょう
0 か
1 じ
2 や
3 の
4 く
5 に
6 か
7 つ
8 と
9 き

① 8 - 2 = ＿＿＿
② 8 - 7 = ＿＿＿
③ 7 - 4 = ＿＿＿
④ 9 - 1 = ＿＿＿
⑤ 9 - 0 = ＿＿＿
⑥ 9 - 4 = ＿＿＿
⑦ 5 - 5 = ＿＿＿
⑧ 7 - 0 = ＿＿＿
⑨ 9 - 7 = ＿＿＿
⑩ 6 - 2 = ＿＿＿

右の問題

こたえ　あんごう

あんごうひょう
0 も
1 ま
2 は？
3 あ
4 に
5 の
6 た
7 ぶ
8 か
9 る

① 4 - 1 = ＿＿＿
② 7 - 1 = ＿＿＿
③ 4 - 3 = ＿＿＿
④ 7 - 3 = ＿＿＿
⑤ 8 - 0 = ＿＿＿
⑥ 9 - 2 = ＿＿＿
⑦ 10 - 1 = ＿＿＿
⑧ 7 - 7 = ＿＿＿
⑨ 6 - 1 = ＿＿＿
⑩ 5 - 3 = ＿＿＿

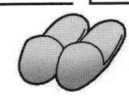

なまえ

けいさんを　して　あんごうひょうの　もじを　いれよう。できた　しつもんの　こたえに　○を　つけよう。

左

こたえ　あんごう

あんごうひょう
1 の
2 を
3 は？
4 そ
5 と
6 の
7 ら
8 も
9 ぶ
10 り

① 1 + 3 =
② 10 − 3 =
③ 6 − 4 =
④ 8 − 3 =
⑤ 4 + 5 =
⑥ 7 − 6 =
⑦ 3 + 7 =
⑧ 5 + 3 =
⑨ 5 + 1 =
⑩ 5 − 2 =

右

こたえ　あんごう

あんごうひょう
1 かう
2 む
3 み
4 ず
5 つ
6 の
7 に
8 を
9 と
10 き

① 2 + 1 =
② 7 − 3 =
③ 9 − 1 =
④ 8 − 2 =
⑤ 8 − 6 =
⑥ 7 + 2 =
⑦ 6 + 4 =
⑧ 4 + 3 =
⑨ 1 + 4 =
⑩ 5 − 4 =

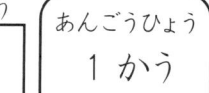

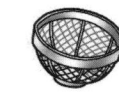

けいさんを　して　あんごうひょうの　もじを　いれよう。　できた　しつもんの　こたえに　○を　つけよう。

	こたえ	あんごう
① 2 + 2 =	___	
② 9 - 2 =	___	
③ 1 + 8 =	___	
④ 7 - 5 =	___	
⑤ 9 - 4 =	___	
⑥ 8 + 2 =	___	
⑦ 2 + 6 =	___	
⑧ 2 + 4 =	___	
⑨ 8 - 7 =	___	
⑩ 7 - 4 =	___	

あんごうひょう
1 の
2 で
3 は？
4 おん
5 つ
6 も
7 が
8 う
9 く
10 か

	こたえ	あんごう
① 5 - 3 =	___	
② 2 + 3 =	___	
③ 4 - 3 =	___	
④ 3 + 4 =	___	
⑤ 6 + 3 =	___	
⑥ 10 - 2 =	___	
⑦ 1 + 2 =	___	
⑧ 1 + 9 =	___	
⑨ 9 - 3 =	___	
⑩ 5 - 1 =	___	

あんごうひょう
1 に
2 あ
3 の
4 れ？
5 し
6 ど
7 は
8 も
9 く
10 は、

なまえ

たてと よこの しきに あてはまる かずを いれよう。

くろす　けいさん❷

たてと　よこの　しきに　あてはまる　かずを　いれよう。

くろす　けいさん❸

たてと　よこの　しきに　あてはまる　かずを　いれよう。

たてと よこの しきに あてはまる かずを いれよう。

なまえ

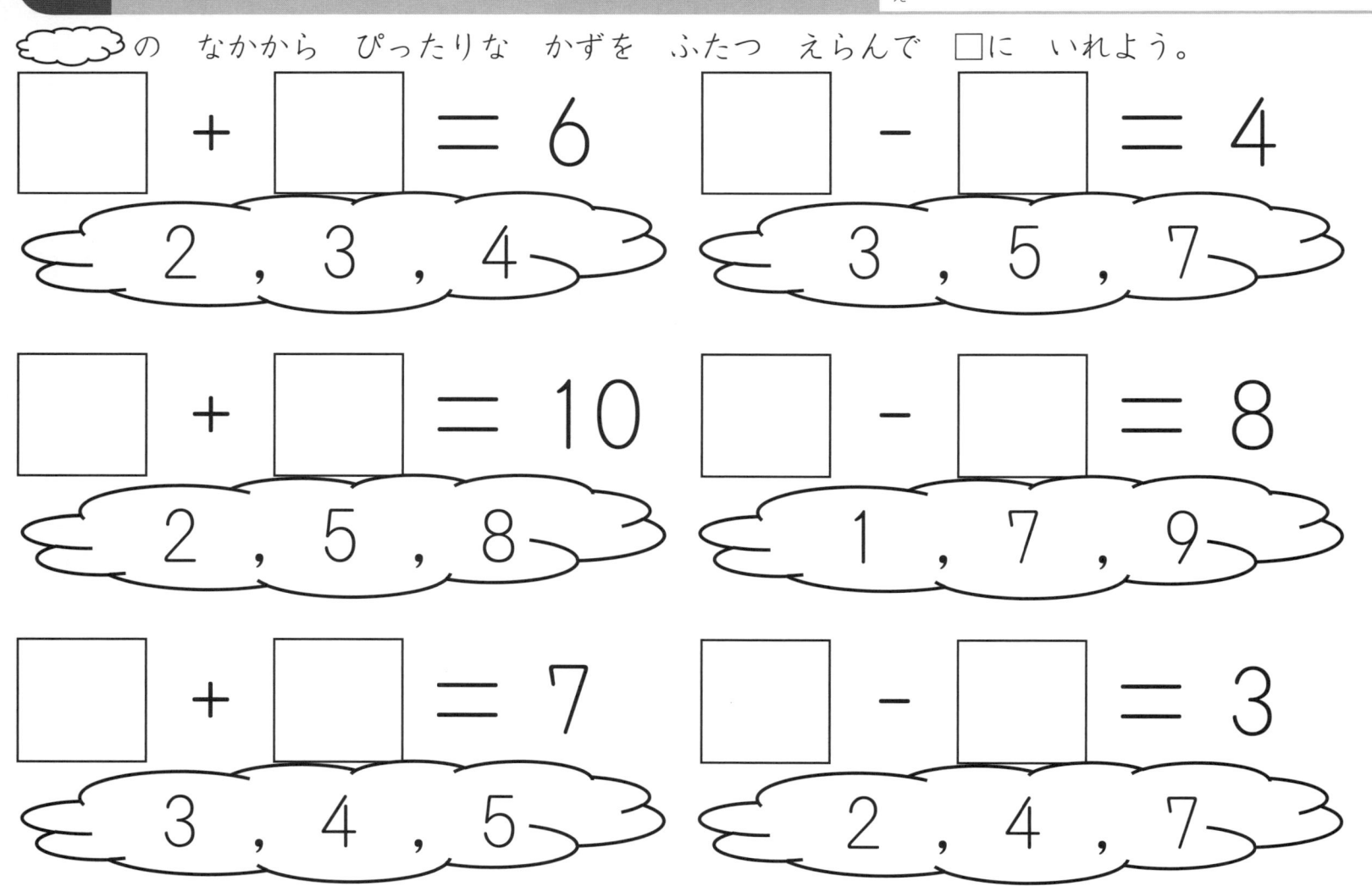

の なかから ぴったりな かずを ふたつ えらんで □に いれよう。

□ + □ = 6

2 , 3 , 4

□ − □ = 4

3 , 5 , 7

□ + □ = 10

2 , 5 , 8

□ − □ = 8

1 , 7 , 9

□ + □ = 7

3 , 4 , 5

□ − □ = 3

2 , 4 , 7

☁️の なかから ぴったりな かずを ふたつ えらんで □に いれよう。

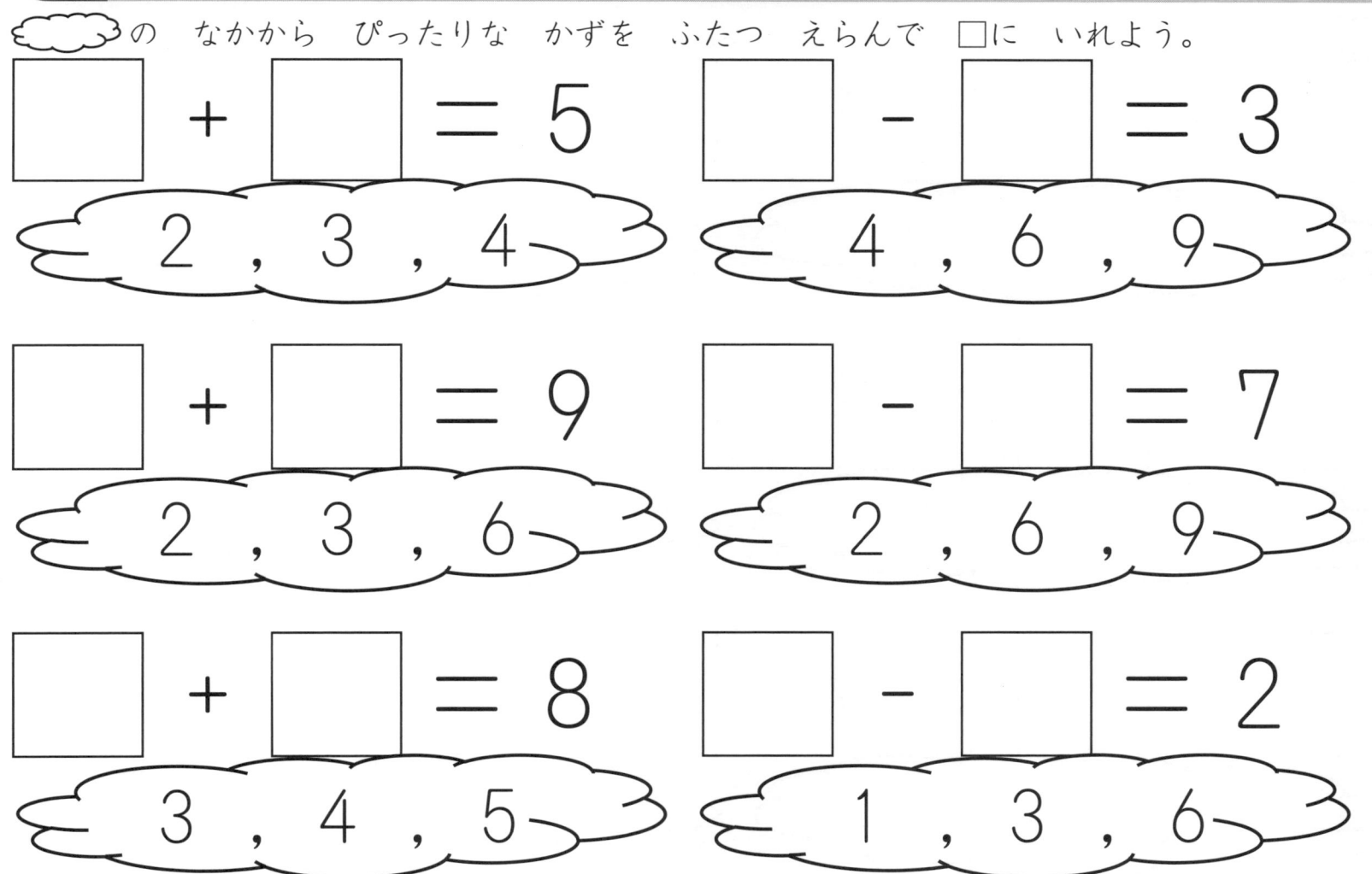

$$\square + \square = 5$$
2 , 3 , 4

$$\square - \square = 3$$
4 , 6 , 9

$$\square + \square = 9$$
2 , 3 , 6

$$\square - \square = 7$$
2 , 6 , 9

$$\square + \square = 8$$
3 , 4 , 5

$$\square - \square = 2$$
1 , 3 , 6

の なかから ぴったりな かずを ふたつ えらんで □に いれよう。

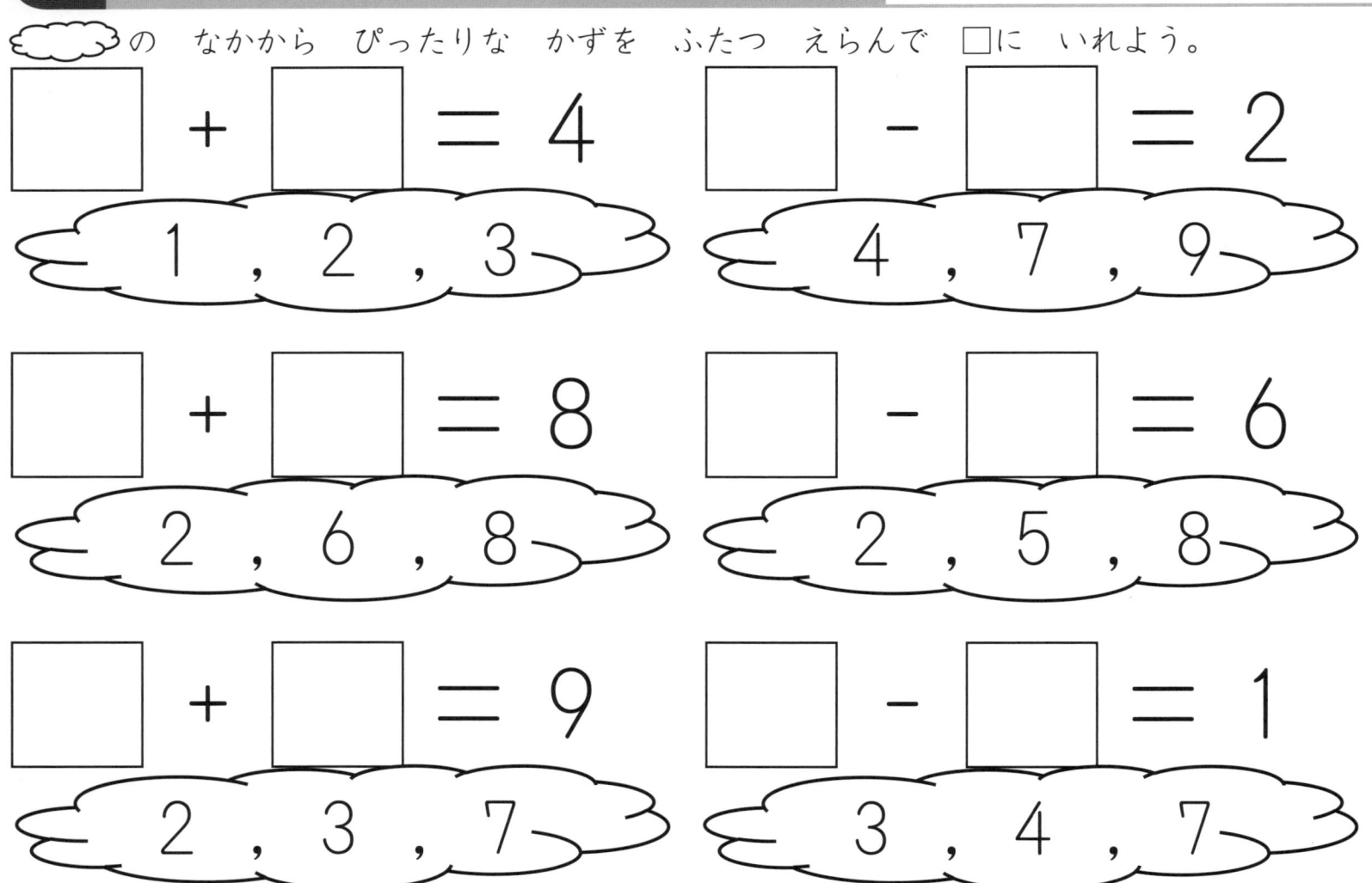

$$\square + \square = 4$$

1 , 2 , 3

$$\square - \square = 2$$

4 , 7 , 9

$$\square + \square = 8$$

2 , 6 , 8

$$\square - \square = 6$$

2 , 5 , 8

$$\square + \square = 9$$

2 , 3 , 7

$$\square - \square = 1$$

3 , 4 , 7

☁の なかから ぴったりな かずを ふたつ えらんで □に いれよう。

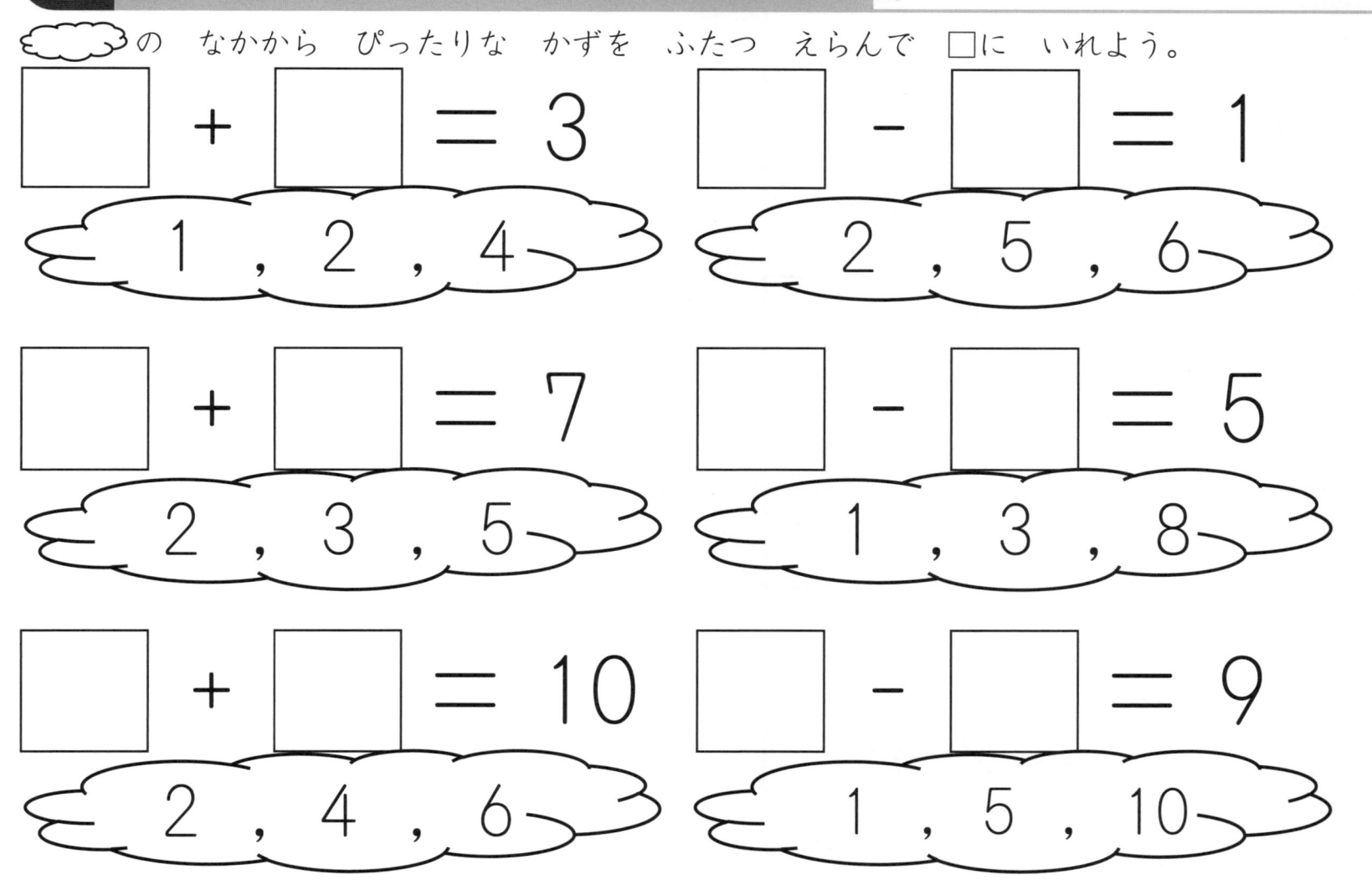

□ + □ = 3
1 , 2 , 4

□ − □ = 1
2 , 5 , 6

□ + □ = 7
2 , 3 , 5

□ − □ = 5
1 , 3 , 8

□ + □ = 10
2 , 4 , 6

□ − □ = 9
1 , 5 , 10

みぎと　ひだりの　□に　おなじ　かずを　いれよう。

①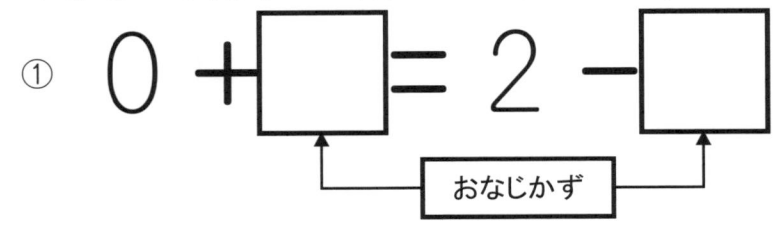

⑤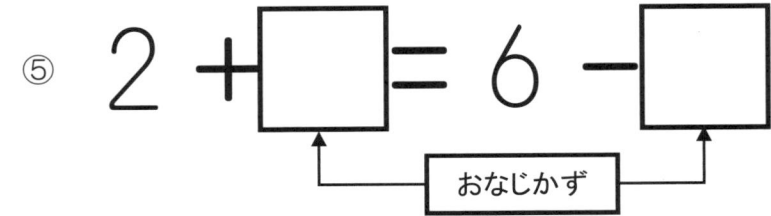

②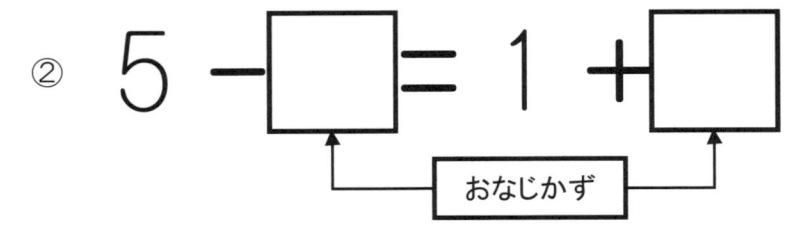

⑥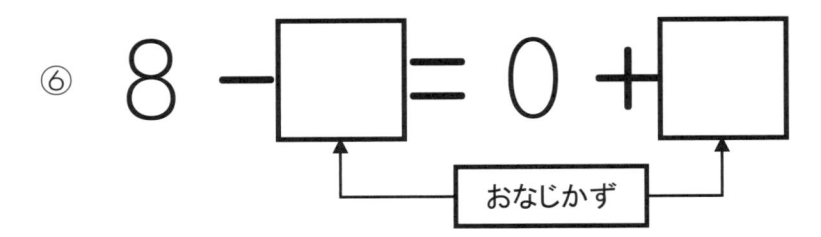

③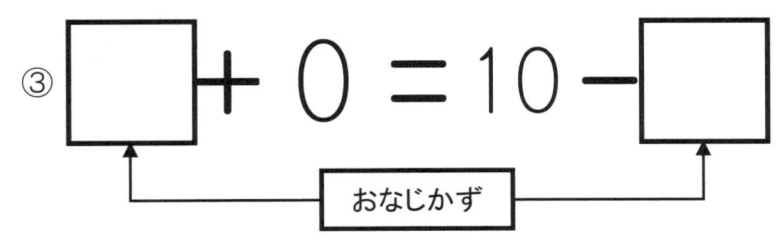

⑦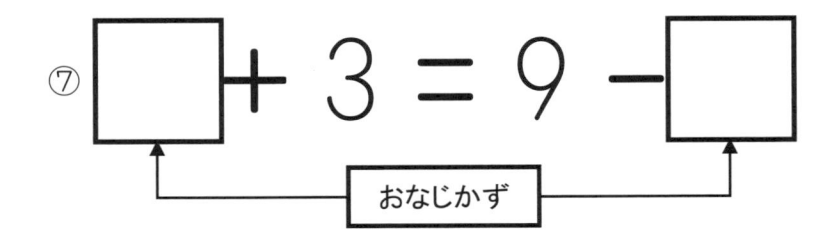

④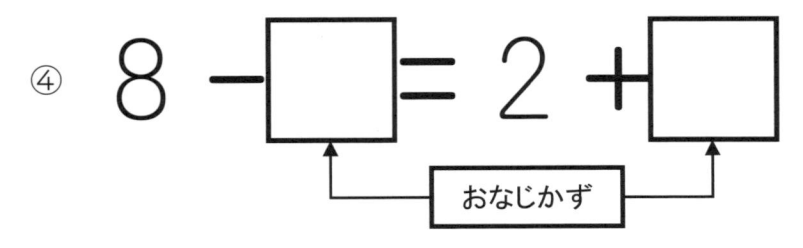

⑧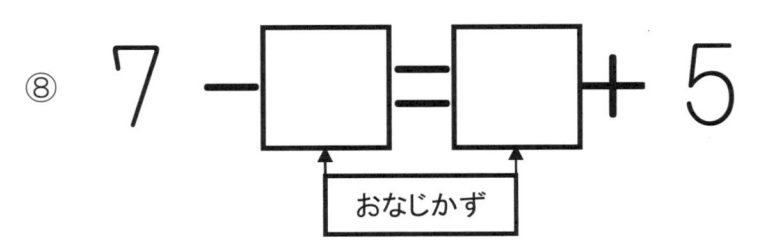

なまえ

みぎと ひだりの □に おなじ かずを いれよう。

①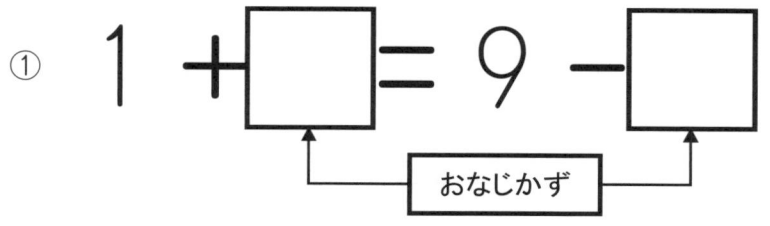

⑤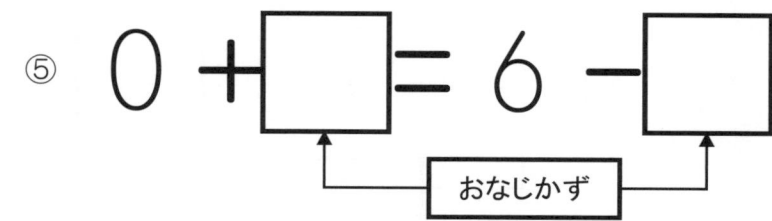

②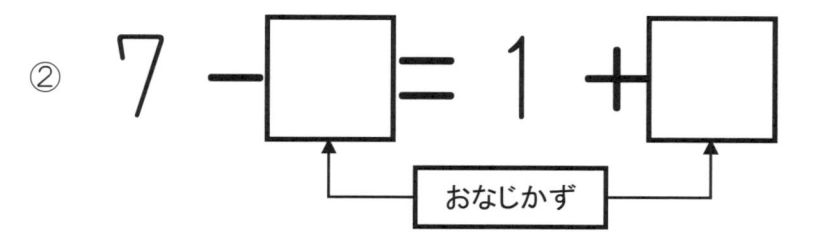

⑥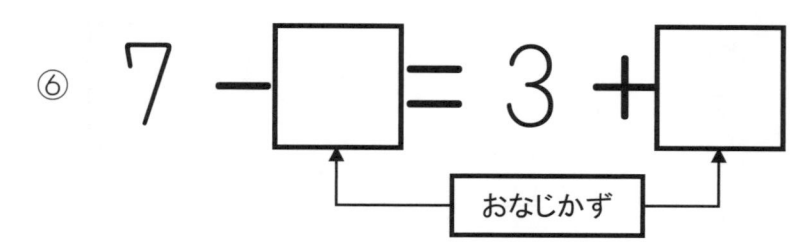

③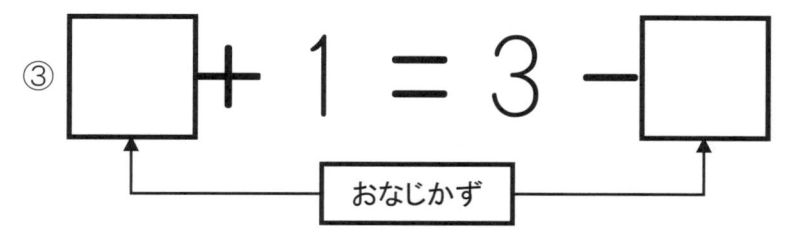

⑦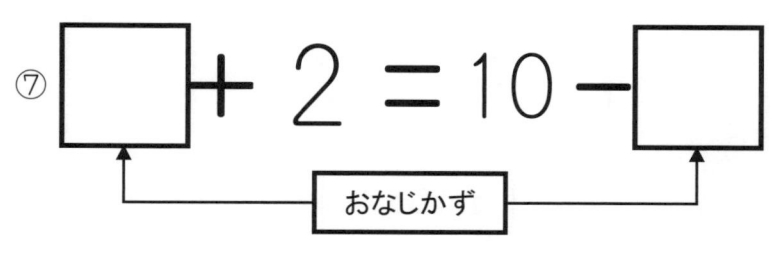

④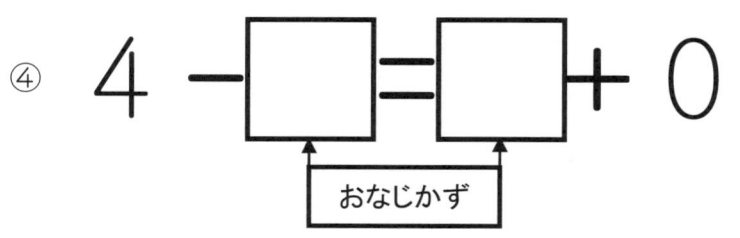

⑧

みぎと ひだりの □に おなじ かずを いれよう。

①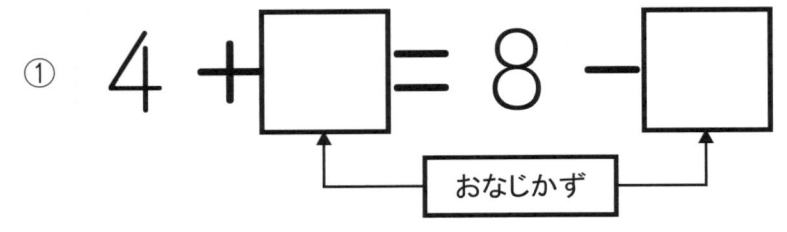

②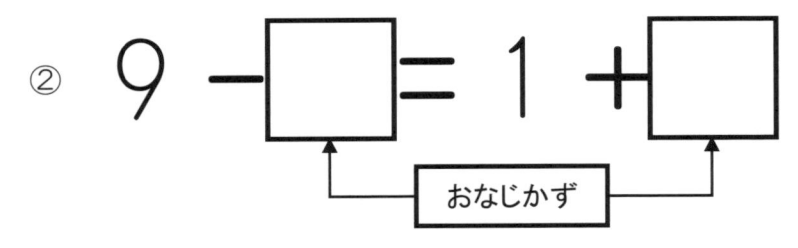

③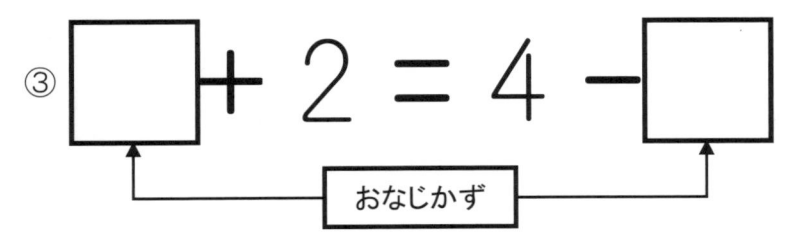

④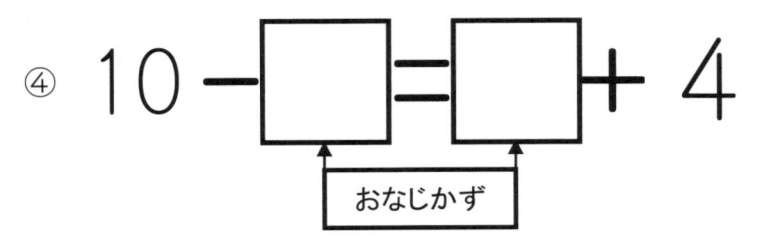

⑤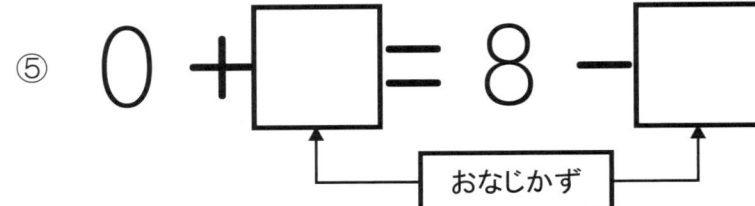

⑥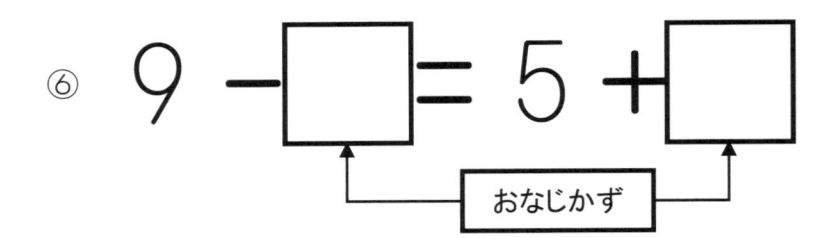

⑦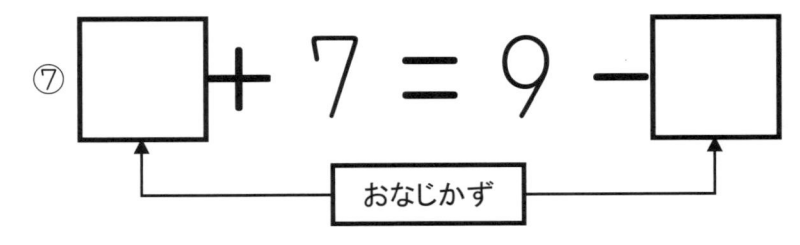

⑧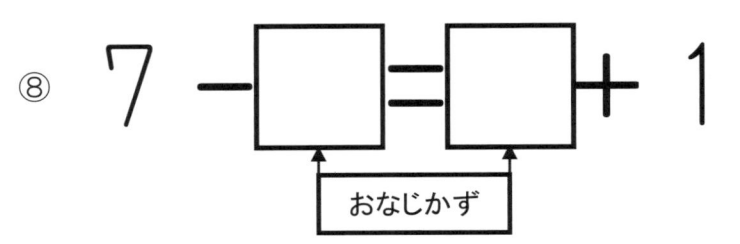

みぎと ひだりの □に おなじ かずを いれよう。

①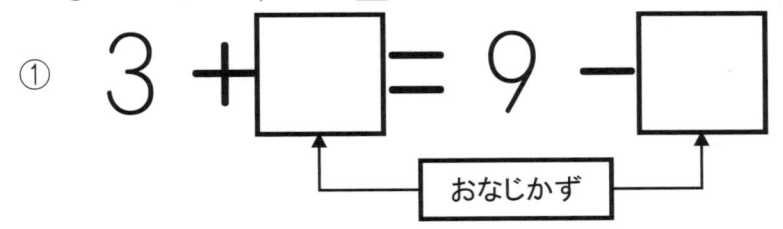

⑤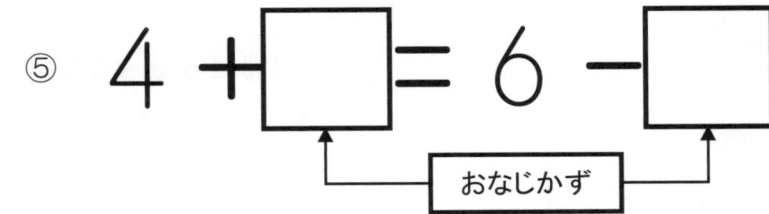

②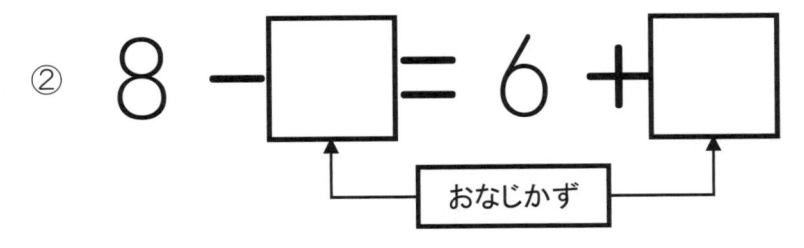

⑥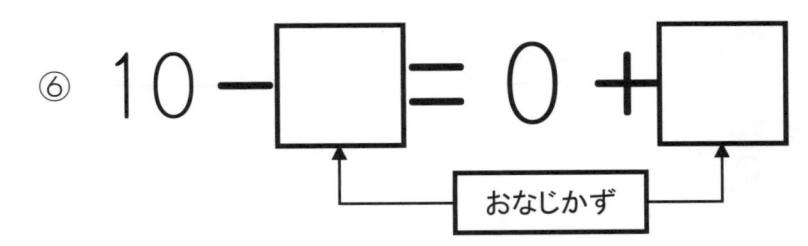

③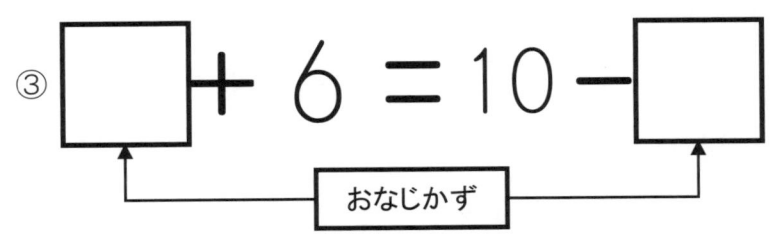

⑦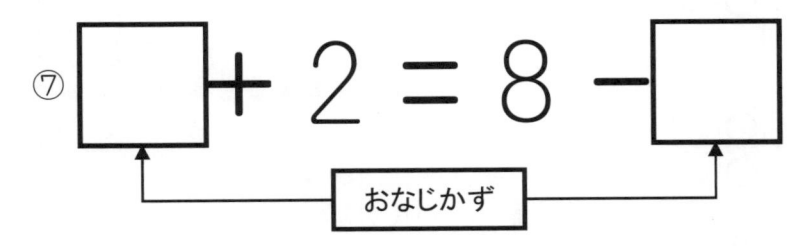

④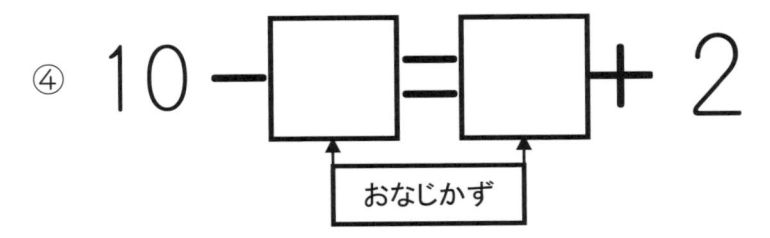

⑧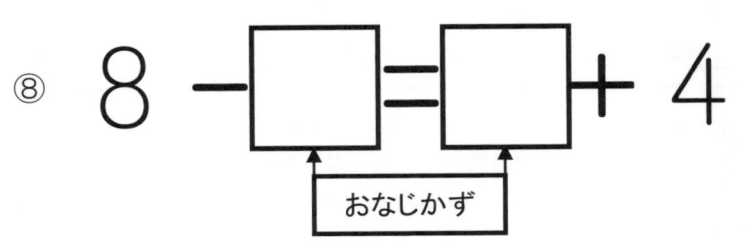

1 おおいほうに ○を つけよう。

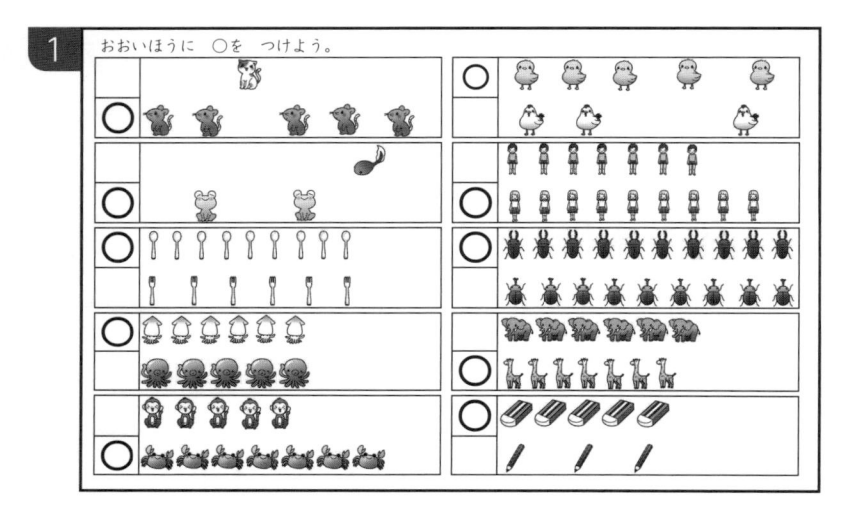

2 おおいほうに ○を つけよう。

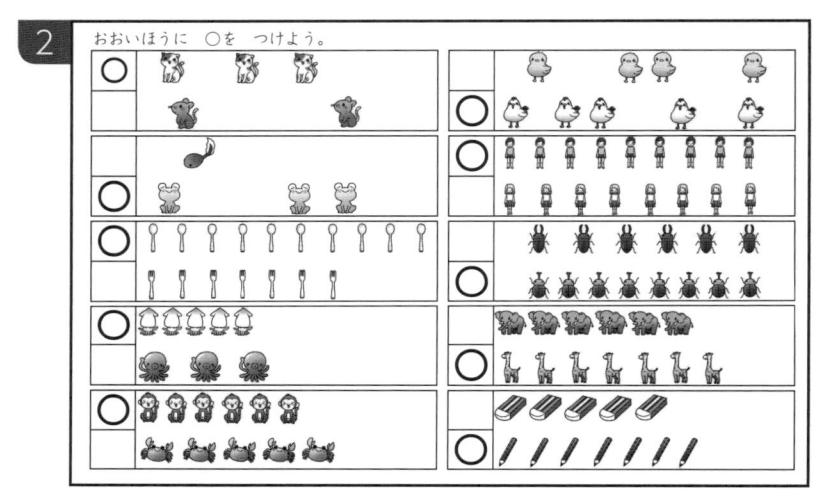

3 おおいほうに ○を つけよう。

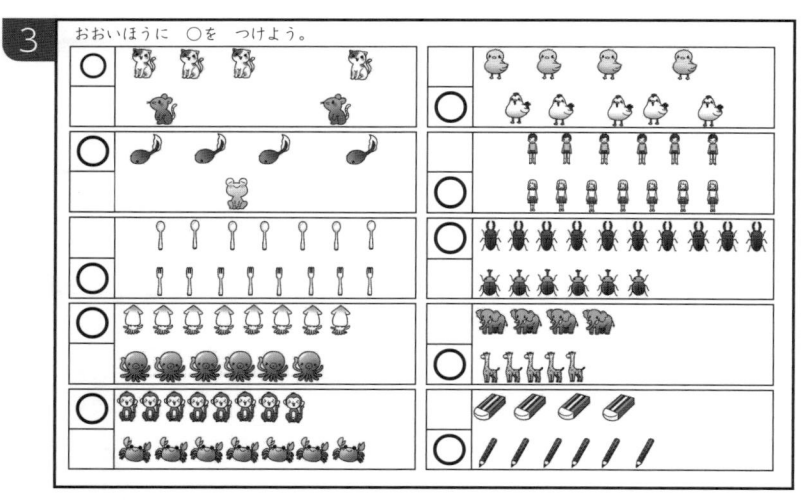

4 おおいほうに ○を つけよう。

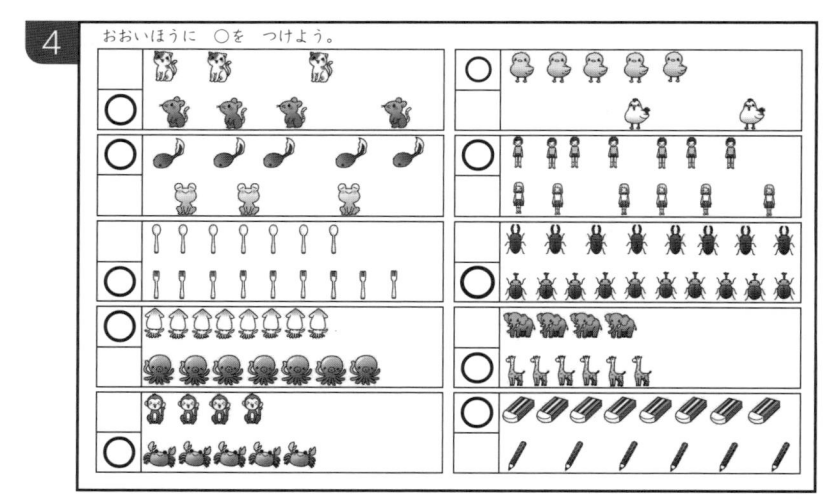

解説

● 上と下の具体物の数を比較し、多い方に○をつけます。

● 見た目のかさだけでは数の多少が比較できないので、数を数える、線で繋いで一対一対応をさせるなどの方法を使います。

5

りんごの かずと おなじ すうじに ○を つけよう。

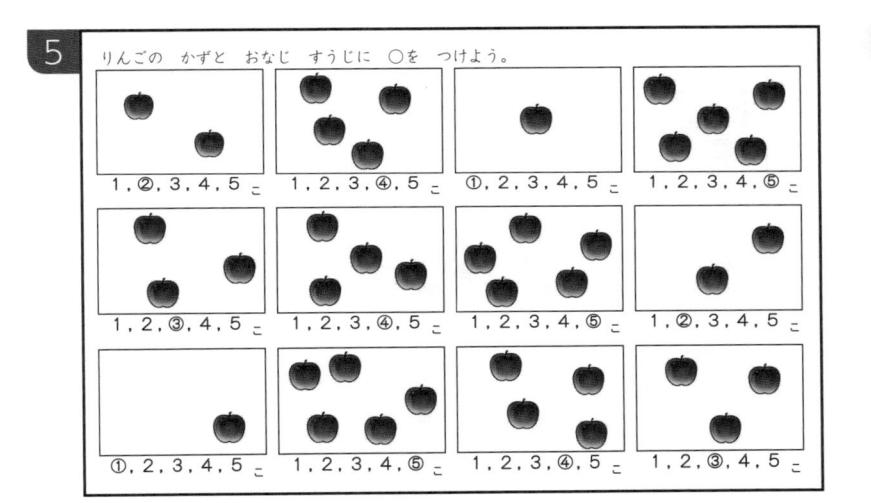

1, ②, 3, 4, 5 こ　　1, 2, 3, ④, 5 こ　　①, 2, 3, 4, 5 こ　　1, 2, 3, 4, ⑤ こ

1, 2, ③, 4, 5 こ　　1, 2, 3, ④, 5 こ　　1, 2, 3, 4, ⑤ こ　　1, ②, 3, 4, 5 こ

①, 2, 3, 4, 5 こ　　1, 2, 3, 4, ⑤ こ　　1, 2, 3, ④, 5 こ　　1, 2, ③, 4, 5 こ

6

りんごの かずと おなじ すうじに ○を つけよう。

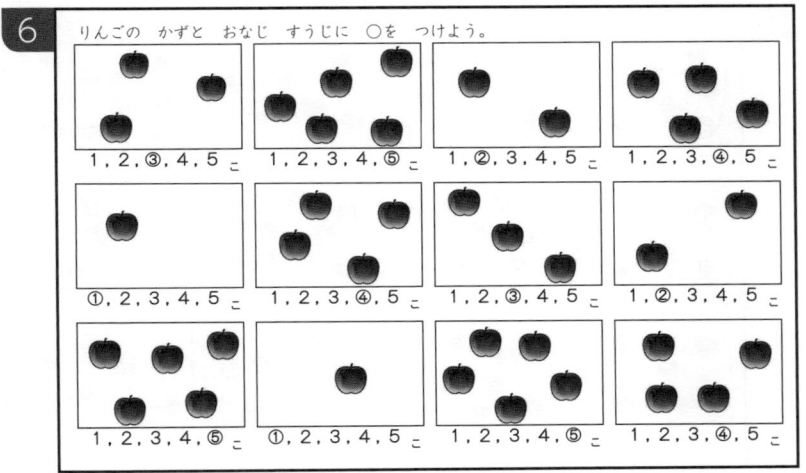

1, 2, ③, 4, 5 こ　　1, 2, 3, 4, ⑤ こ　　1, ②, 3, 4, 5 こ　　1, 2, 3, ④, 5 こ

①, 2, 3, 4, 5 こ　　1, 2, 3, ④, 5 こ　　1, 2, ③, 4, 5 こ　　1, ②, 3, 4, 5 こ

1, 2, 3, 4, ⑤ こ　　①, 2, 3, 4, 5 こ　　1, 2, 3, 4, ⑤ こ　　1, 2, 3, ④, 5 こ

7

りんごの かずと おなじ すうじに ○を つけよう。

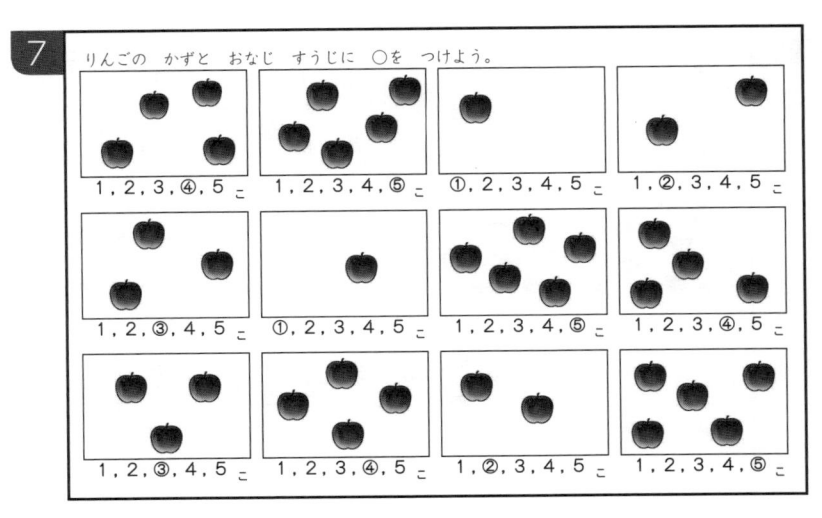

1, 2, 3, ④, 5 こ　　1, 2, 3, 4, ⑤ こ　　①, 2, 3, 4, 5 こ　　1, ②, 3, 4, 5 こ

1, 2, ③, 4, 5 こ　　①, 2, 3, 4, 5 こ　　1, 2, 3, 4, ⑤ こ　　1, 2, 3, ④, 5 こ

1, 2, ③, 4, 5 こ　　1, 2, 3, ④, 5 こ　　1, ②, 3, 4, 5 こ　　1, 2, 3, 4, ⑤ こ

8

りんごの かずと おなじ すうじに ○を つけよう。

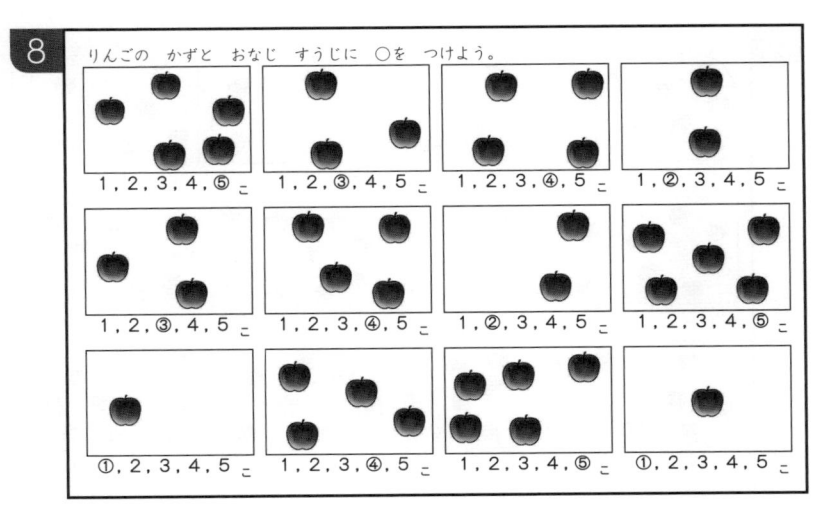

1, 2, 3, 4, ⑤ こ　　1, 2, 3, ④, 5 こ　　1, 2, 3, ④, 5 こ　　1, ②, 3, 4, 5 こ

1, 2, ③, 4, 5 こ　　1, 2, 3, ④, 5 こ　　1, ②, 3, 4, 5 こ　　1, 2, 3, 4, ⑤ こ

①, 2, 3, 4, 5 こ　　1, 2, 3, ④, 5 こ　　1, 2, 3, 4, ⑤ こ　　①, 2, 3, 4, 5 こ

| 解説 | ● りんごの数を数えて、その数の数字を○で囲みます。
● 5個までの数は、2個と3個に分けるなど、1つずつ数えなくてもわかるようにします。 |

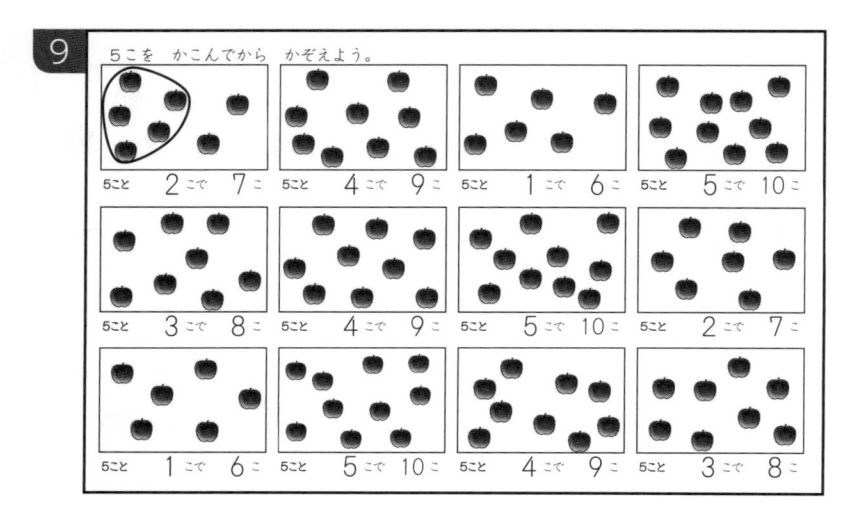

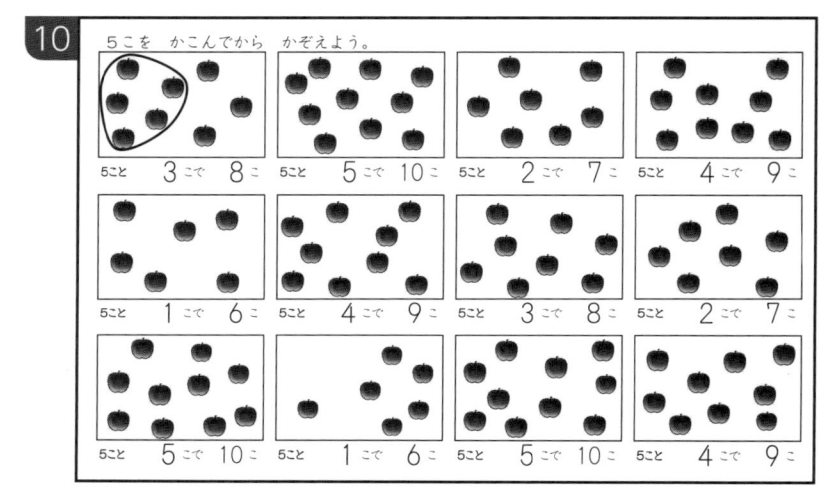

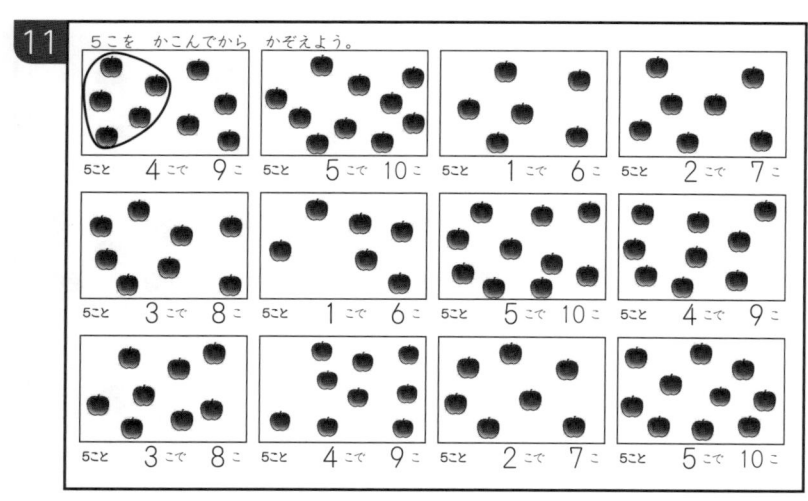

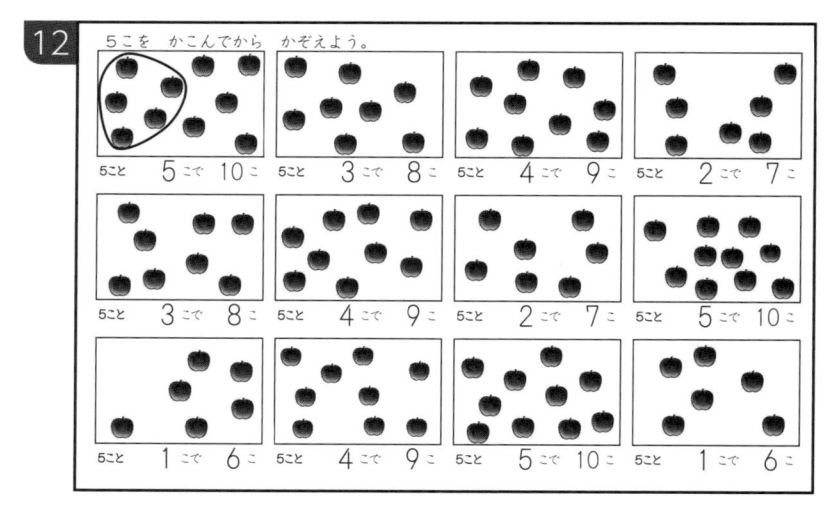

解説	● 5個以上のりんごの数を数えて「5こと○こで△こ」のように書きます。
	● 5を基数として、5個といくつというように数を見られるようにします。

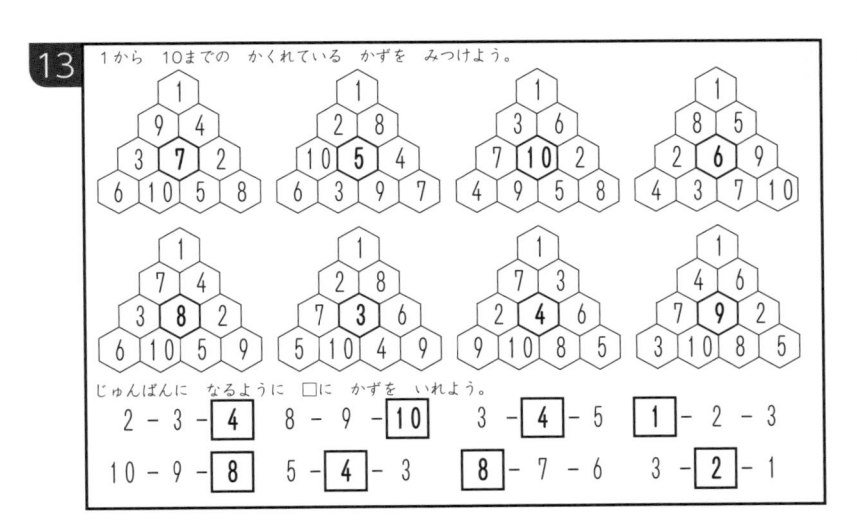

13　1から 10までの　かくれている　かずを　みつけよう。

じゅんばんに　なるように　□に　かずを　いれよう。

2 - 3 - **4**　　8 - 9 - **10**　　3 - **4** - 5　　**1** - 2 - 3

10 - 9 - **8**　　5 - **4** - 3　　**8** - 7 - 6　　3 - **2** - 1

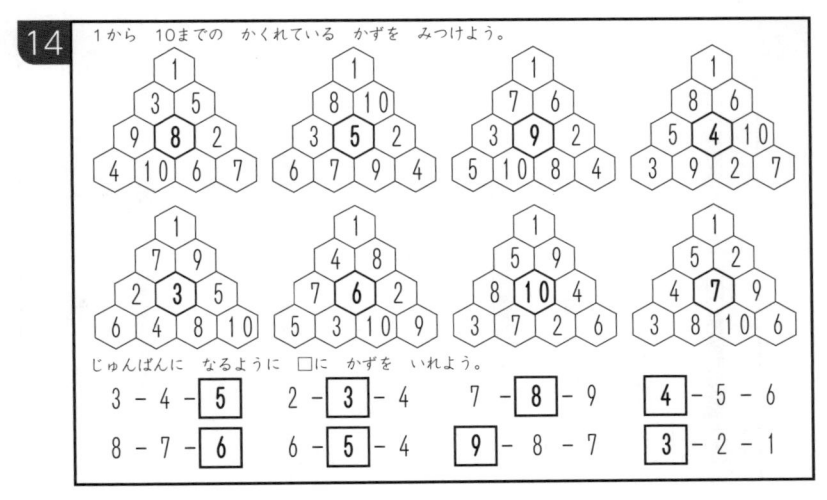

14　1から 10までの　かくれている　かずを　みつけよう。

じゅんばんに　なるように　□に　かずを　いれよう。

3 - 4 - **5**　　2 - **3** - 4　　7 - **8** - 9　　**4** - 5 - 6

8 - 7 - **6**　　6 - **5** - 4　　**9** - 8 - 7　　**3** - 2 - 1

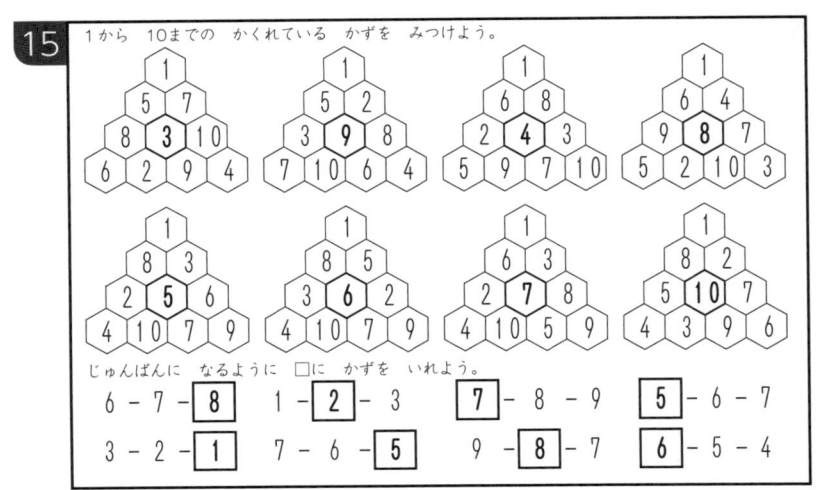

15　1から 10までの　かくれている　かずを　みつけよう。

じゅんばんに　なるように　□に　かずを　いれよう。

6 - 7 - **8**　　1 - **2** - 3　　**7** - 8 - 9　　**5** - 6 - 7

3 - 2 - **1**　　7 - 6 - **5**　　9 - **8** - 7　　**6** - 5 - 4

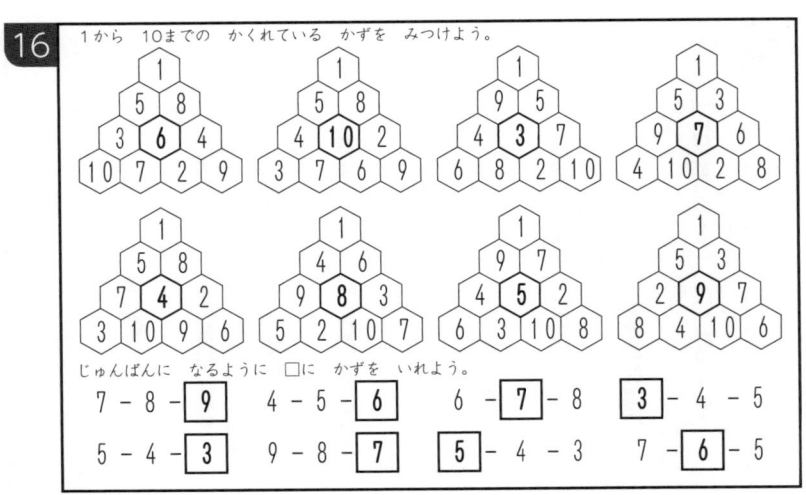

16　1から 10までの　かくれている　かずを　みつけよう。

じゅんばんに　なるように　□に　かずを　いれよう。

7 - 8 - **9**　　4 - 5 - **6**　　6 - **7** - 8　　**3** - 4 - 5

5 - 4 - **3**　　9 - 8 - **7**　　**5** - 4 - 3　　7 - **6** - 5

解説

● 上は、1から10までで抜けている数を真ん中に書き込みます。下は、順に並んだ数に当てはまる数を書き込みます。

● 1から10までの数を正順と逆順に唱える練習です。

17 ぶろっくは　いくつ　ある？

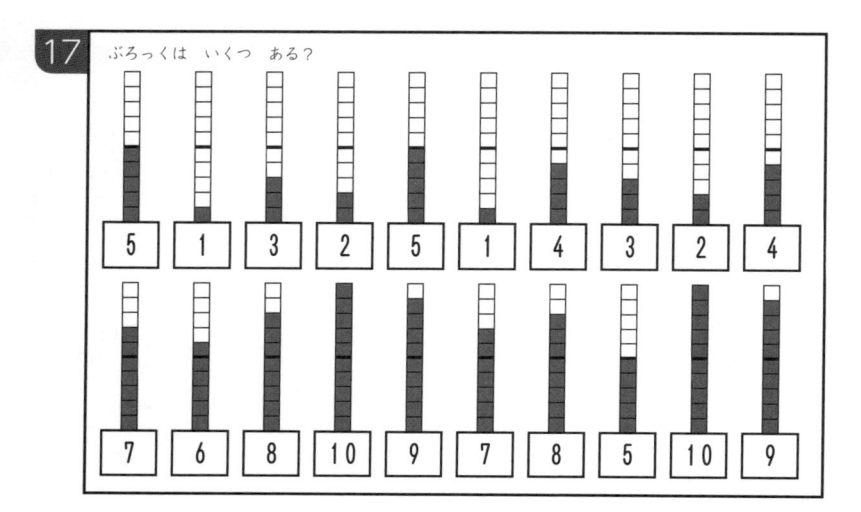

5	1	3	2	5	1	4	3	2	4
7	6	8	10	9	7	8	5	10	9

18 ぶろっくは　いくつ　ある？

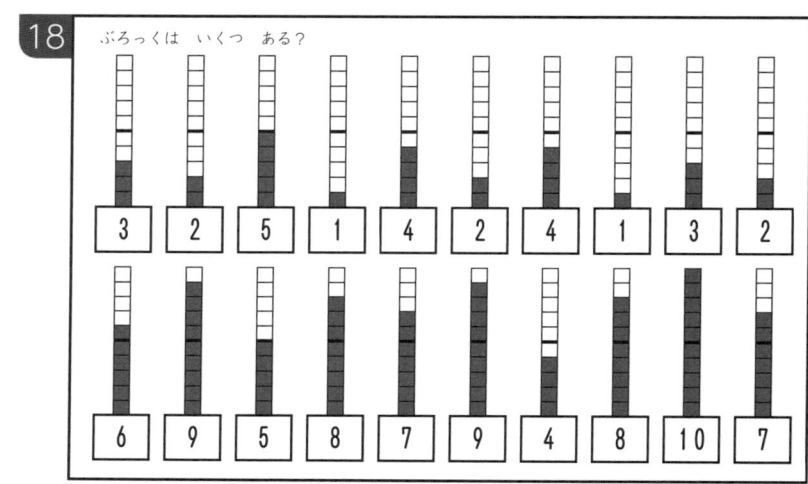

3	2	5	1	4	2	4	1	3	2
6	9	5	8	7	9	4	8	10	7

19 ぶろっくは　いくつ　ある？

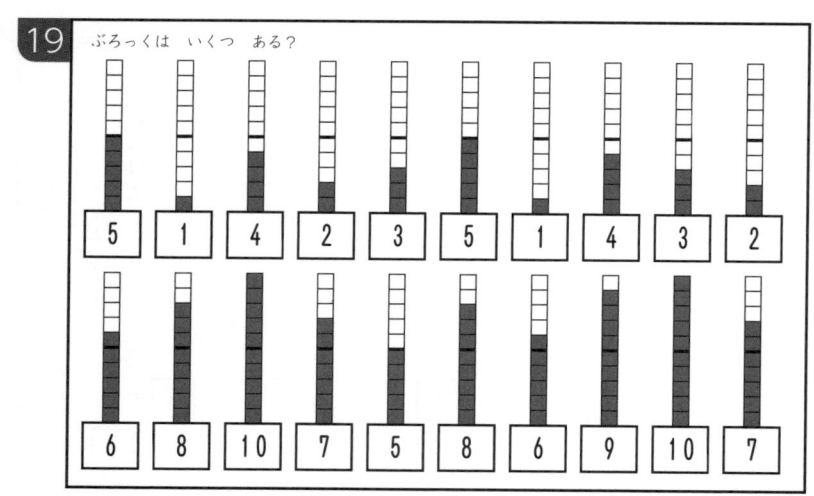

5	1	4	2	3	5	1	4	3	2
6	8	10	7	5	8	6	9	10	7

20 ぶろっくは　いくつ　ある？（5の　ぶろっくに　きをつけて）

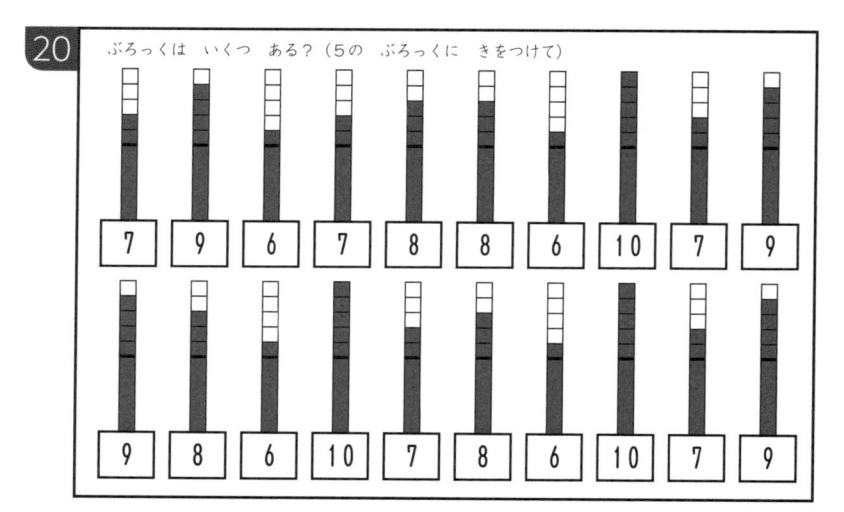

7	9	6	7	8	8	6	10	7	9
9	8	6	10	7	8	6	10	7	9

解説	● ブロックの数を数えることで、数の具体的イメージをもちます。 ● 17 から 19 はバラのブロックの数を数えます。

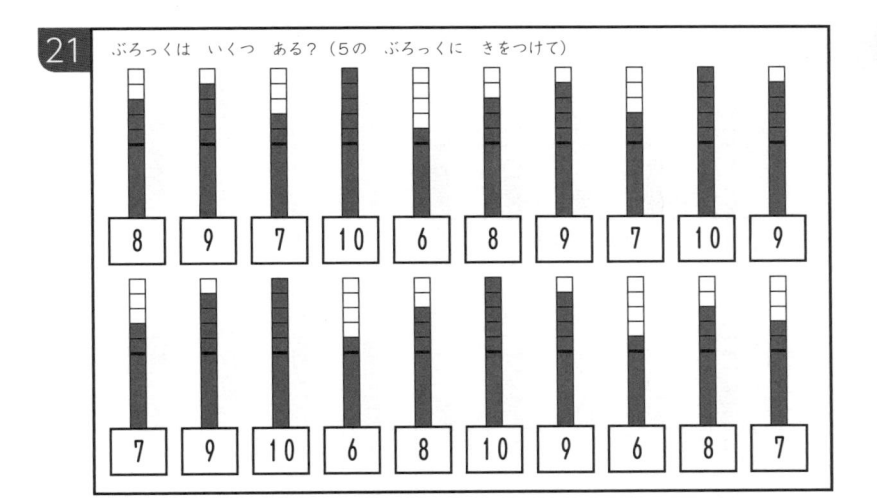

21　ぶろっくは　いくつ　ある？（5の　ぶろっくに　きをつけて）

8　9　7　10　6　8　9　7　10　9

7　9　10　6　8　10　9　6　8　7

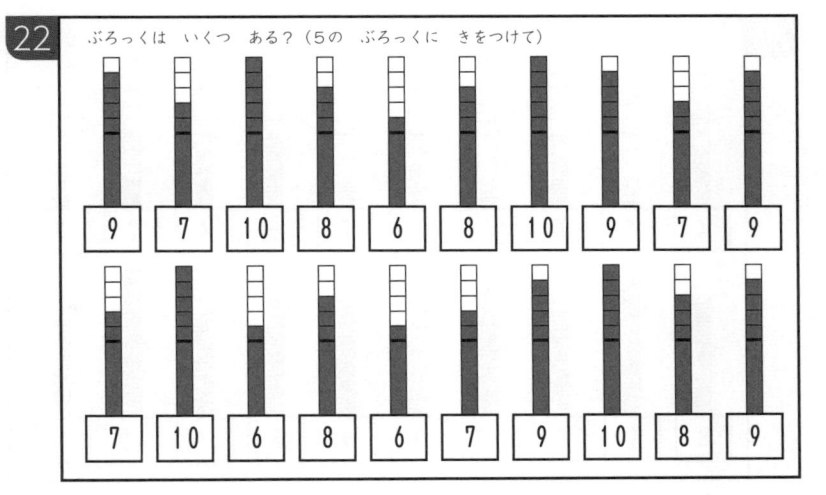

22　ぶろっくは　いくつ　ある？（5の　ぶろっくに　きをつけて）

9　7　10　8　6　8　10　9　7　9

7　10　6　8　6　7　9　10　8　9

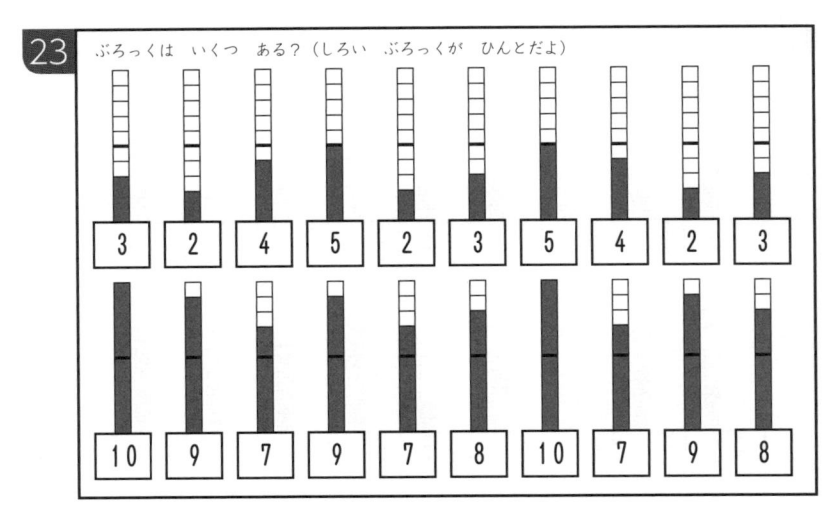

23　ぶろっくは　いくつ　ある？（しろい　ぶろっくが　ひんとだよ）

3　2　4　5　2　3　5　4　2　3

10　9　7　9　7　8　10　7　9　8

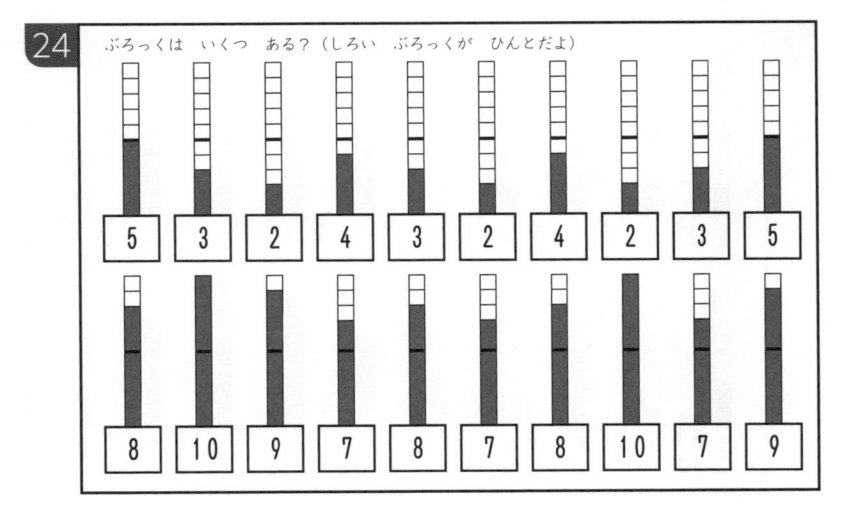

24　ぶろっくは　いくつ　ある？（しろい　ぶろっくが　ひんとだよ）

5　3　2　4　3　2　4　2　3　5

8　10　9　7　8　7　8　10　7　9

解説

● 20から22は、5のブロックとバラのブロックで、「5といくつ」というように数えます。

● 23から25は、残りのブロック（白のブロック）の数からブロックの数を考えます。

25 ぷろっくは　いくつ　ある？（しろい　ぷろっくが　ひんとだよ）

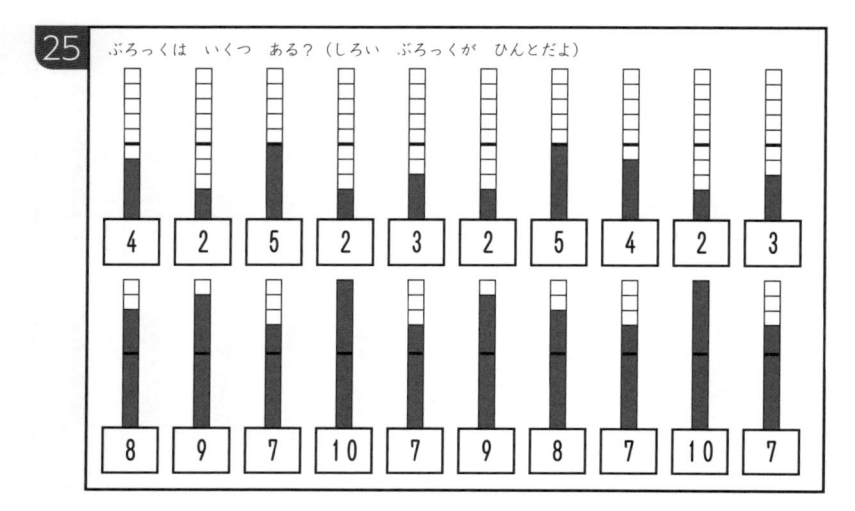

| 4 | 2 | 5 | 2 | 3 | 2 | 5 | 4 | 2 | 3 |
| 8 | 9 | 7 | 10 | 7 | 9 | 8 | 7 | 10 | 7 |

26 ぷろっくは　いくつ　ある？

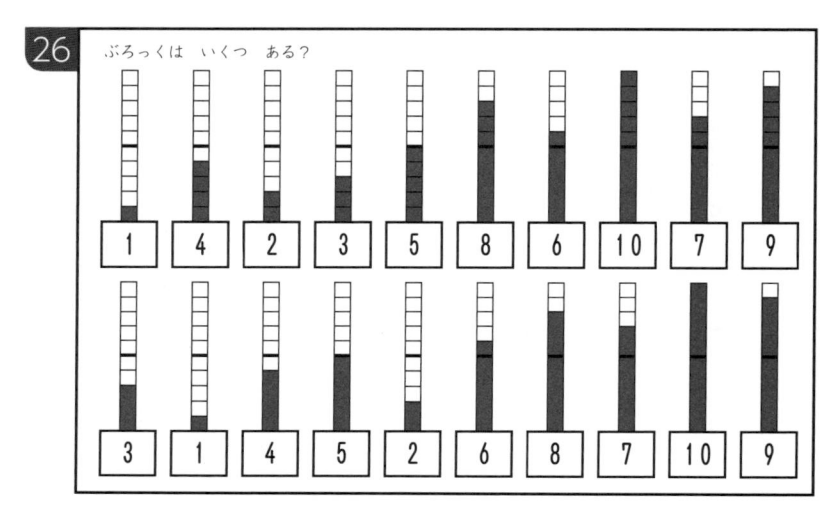

| 1 | 4 | 2 | 3 | 5 | 8 | 6 | 10 | 7 | 9 |
| 3 | 1 | 4 | 5 | 2 | 6 | 8 | 7 | 10 | 9 |

27 ぷろっくは　いくつ　ある？

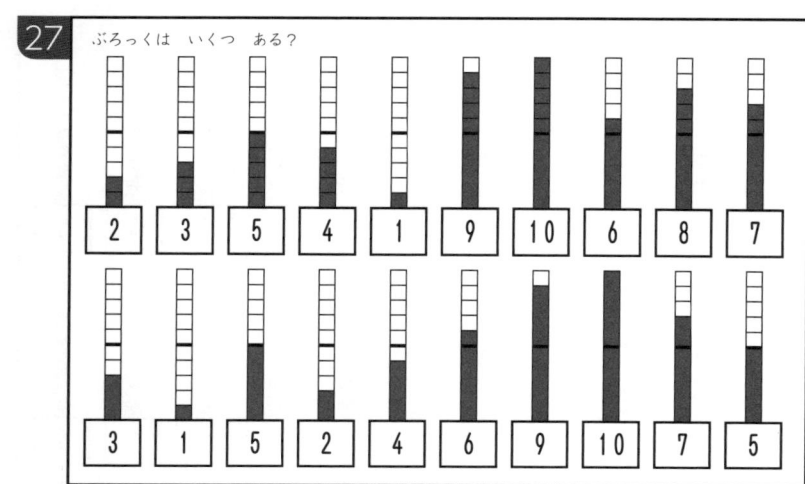

| 2 | 3 | 5 | 4 | 1 | 9 | 10 | 6 | 8 | 7 |
| 3 | 1 | 5 | 2 | 4 | 6 | 9 | 10 | 7 | 5 |

28 ぷろっくは　いくつ　ある？

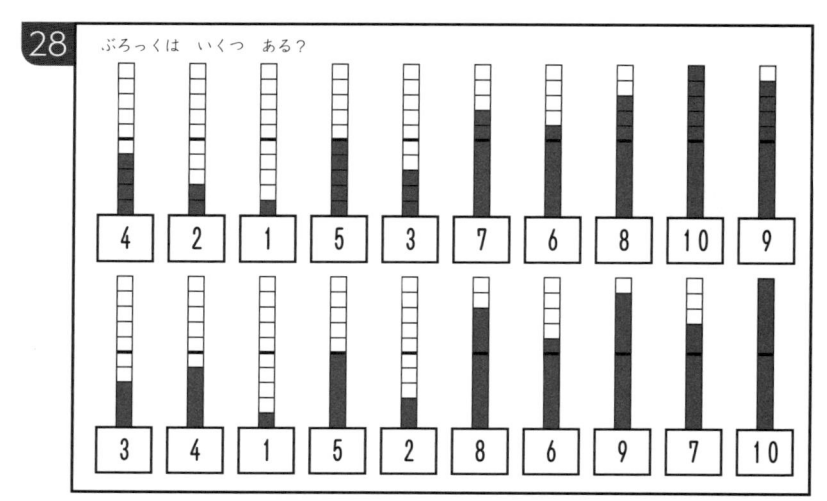

| 4 | 2 | 1 | 5 | 3 | 7 | 6 | 8 | 10 | 9 |
| 3 | 4 | 1 | 5 | 2 | 8 | 6 | 9 | 7 | 10 |

解説　● 26 から 28 は、17 から 25 までの混合問題です。まとめに使います。

29 ふたつの ぶろっくを あわせよう。

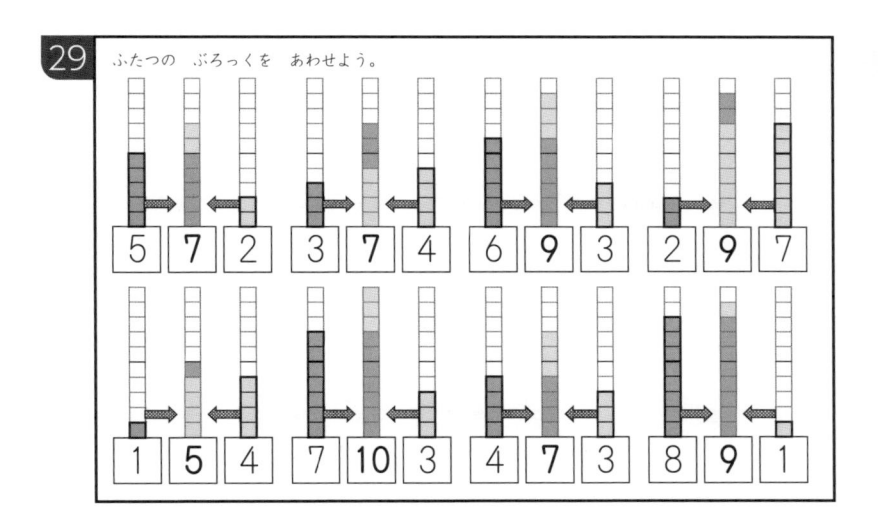

| 5 | 7 | 2 | | 3 | 7 | 4 | | 6 | 9 | 3 | | 2 | 9 | 7 |
| 1 | 5 | 4 | | 7 | 10 | 3 | | 4 | 7 | 3 | | 8 | 9 | 1 |

30 ふたつの ぶろっくを あわせよう。

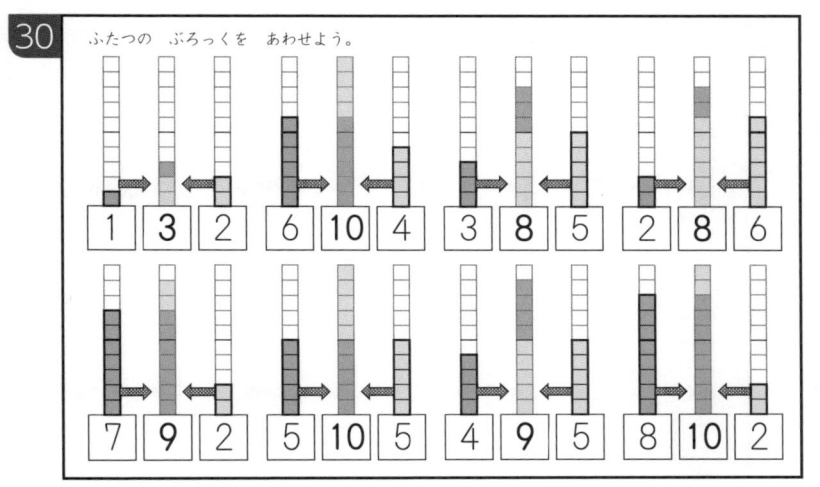

| 1 | 3 | 2 | | 6 | 10 | 4 | | 3 | 8 | 5 | | 2 | 8 | 6 |
| 7 | 9 | 2 | | 5 | 10 | 5 | | 4 | 9 | 5 | | 8 | 10 | 2 |

31 ふたつの ぶろっくを あわせよう。

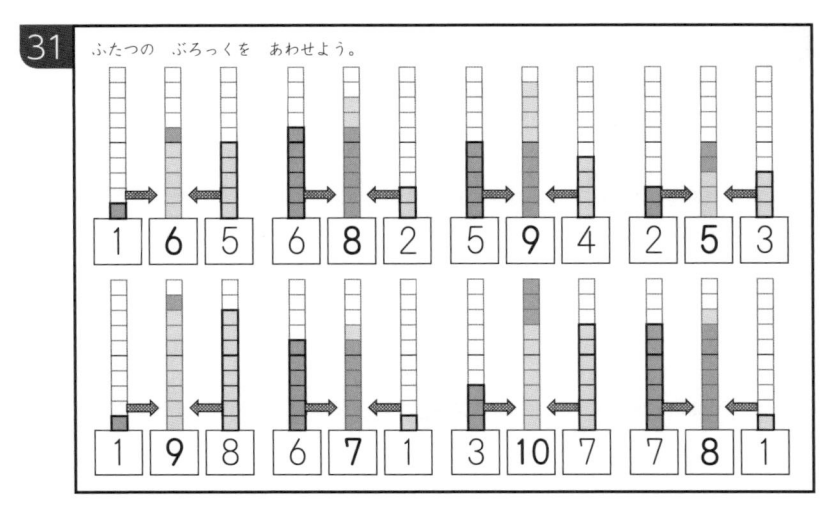

| 1 | 6 | 5 | | 6 | 8 | 2 | | 5 | 9 | 4 | | 2 | 5 | 3 |
| 1 | 9 | 8 | | 6 | 7 | 1 | | 3 | 10 | 7 | | 7 | 8 | 1 |

32 ふたつの ぶろっくを あわせよう。

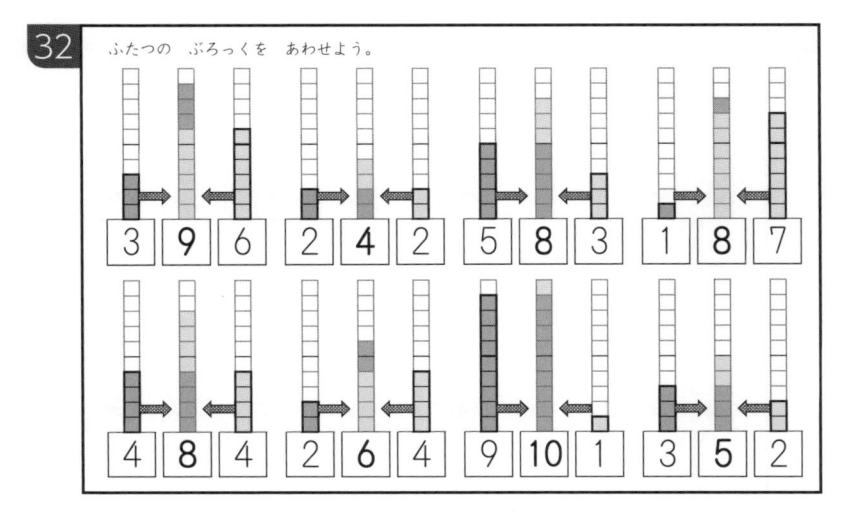

| 3 | 9 | 6 | | 2 | 4 | 2 | | 5 | 8 | 3 | | 1 | 8 | 7 |
| 4 | 8 | 4 | | 2 | 6 | 4 | | 9 | 10 | 1 | | 3 | 5 | 2 |

解説
- たし算のイメージをもつように、2つのブロックを合わせる操作をします。
- 右のブロックを赤、左のブロックを青に塗り、合わせた真ん中のブロックにもそれぞれの色を塗るのもわかりやすいです。

33 ぶろっくを わけよう。

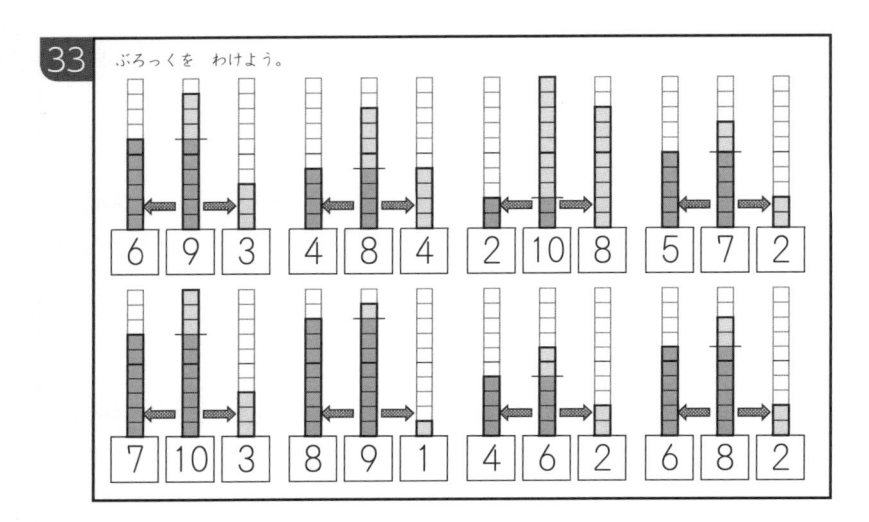

| 6 | 9 | 3 | | 4 | 8 | 4 | | 2 | 10 | 8 | | 5 | 7 | 2 |
| 7 | 10 | 3 | | 8 | 9 | 1 | | 4 | 6 | 2 | | 6 | 8 | 2 |

34 ぶろっくを わけよう。

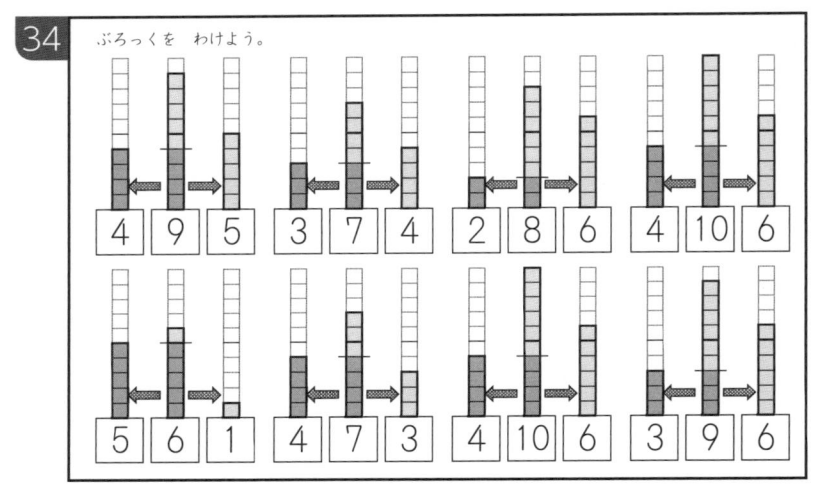

| 4 | 9 | 5 | | 3 | 7 | 4 | | 2 | 8 | 6 | | 4 | 10 | 6 |
| 5 | 6 | 1 | | 4 | 7 | 3 | | 4 | 10 | 6 | | 3 | 9 | 6 |

35 ぶろっくを わけよう。

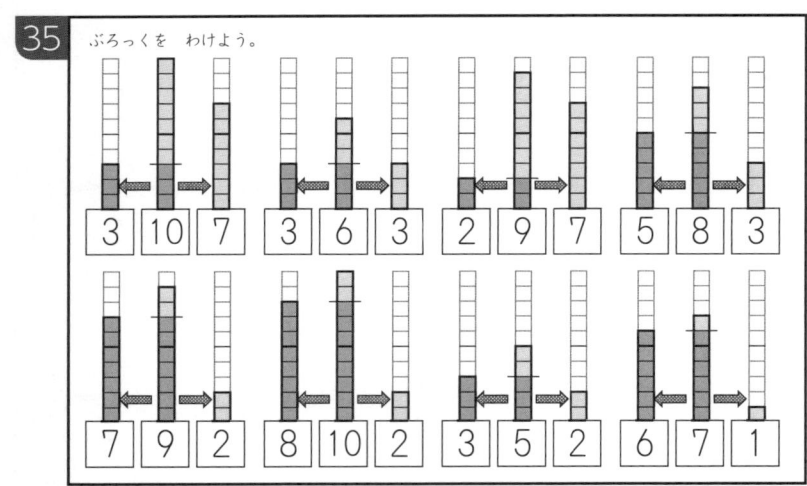

| 3 | 10 | 7 | | 3 | 6 | 3 | | 2 | 9 | 7 | | 5 | 8 | 3 |
| 7 | 9 | 2 | | 8 | 10 | 2 | | 3 | 5 | 2 | | 6 | 7 | 1 |

36 ぶろっくを わけよう。

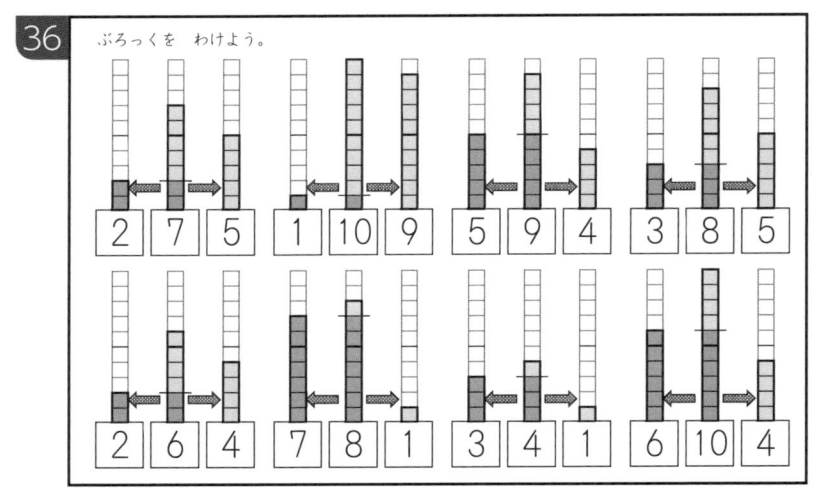

| 2 | 7 | 5 | | 1 | 10 | 9 | | 5 | 9 | 4 | | 3 | 8 | 5 |
| 2 | 6 | 4 | | 7 | 8 | 1 | | 3 | 4 | 1 | | 6 | 10 | 4 |

| 解説 | ● ひき算のイメージをもつように、ブロックを分ける操作をします。
● ここでは左のブロックを下から取っていますが、上から取る・下から取るなどの取り方の工夫をしてブロックに色を塗って表すようにします。 |

37 ぶろっくを あわせて たしざんを しよう。

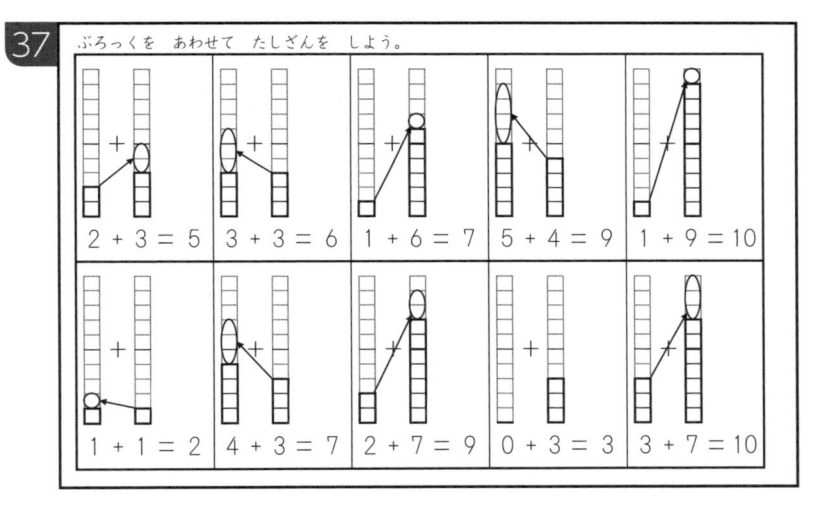

$2 + 3 = 5$　$3 + 3 = 6$　$1 + 6 = 7$　$5 + 4 = 9$　$1 + 9 = 10$

$1 + 1 = 2$　$4 + 3 = 7$　$2 + 7 = 9$　$0 + 3 = 3$　$3 + 7 = 10$

38 ぶろっくを あわせて たしざんを しよう。

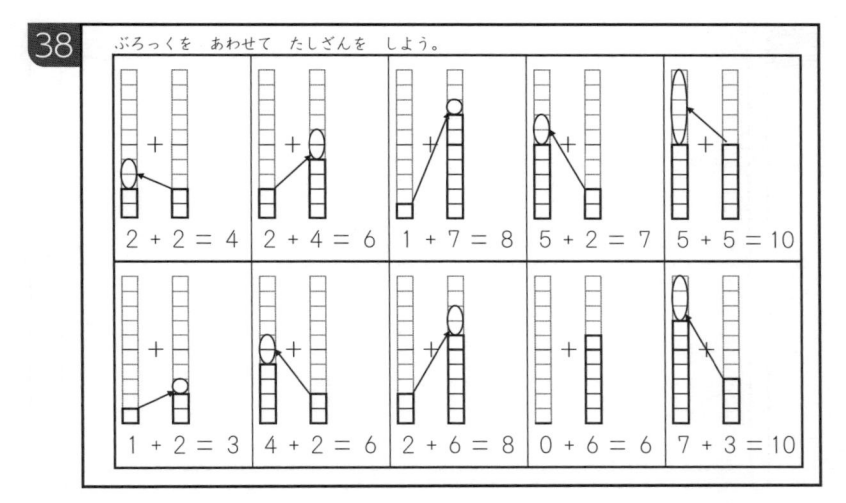

$2 + 2 = 4$　$2 + 4 = 6$　$1 + 7 = 8$　$5 + 2 = 7$　$5 + 5 = 10$

$1 + 2 = 3$　$4 + 2 = 6$　$2 + 6 = 8$　$0 + 6 = 6$　$7 + 3 = 10$

39 ぶろっくを あわせて たしざんを しよう。

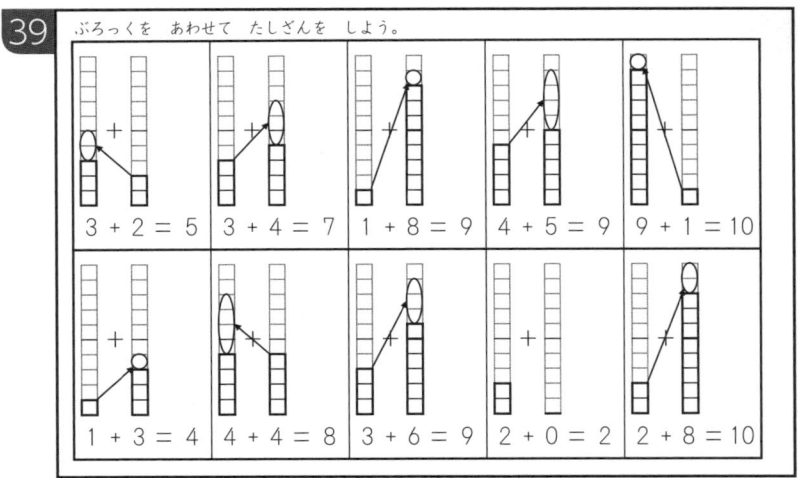

$3 + 2 = 5$　$3 + 4 = 7$　$1 + 8 = 9$　$4 + 5 = 9$　$9 + 1 = 10$

$1 + 3 = 4$　$4 + 4 = 8$　$3 + 6 = 9$　$2 + 0 = 2$　$2 + 8 = 10$

40 ぶろっくを あわせて たしざんを しよう。

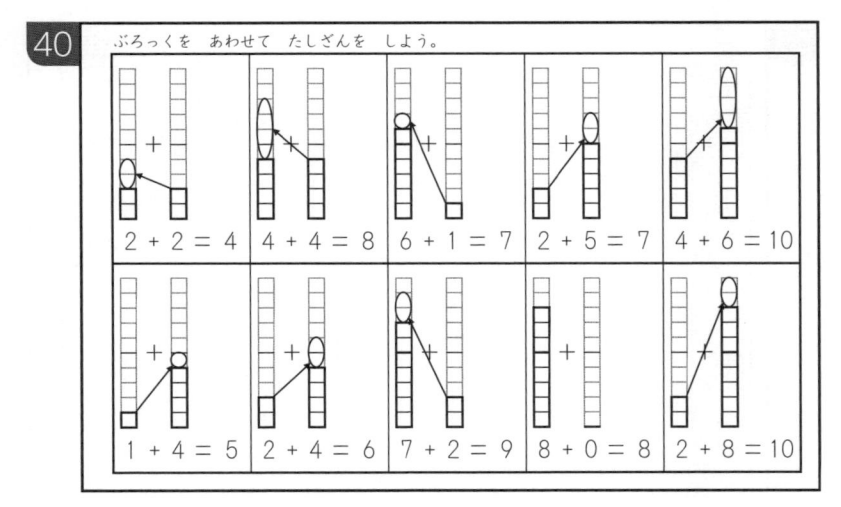

$2 + 2 = 4$　$4 + 4 = 8$　$6 + 1 = 7$　$2 + 5 = 7$　$4 + 6 = 10$

$1 + 4 = 5$　$2 + 4 = 6$　$7 + 2 = 9$　$8 + 0 = 8$　$2 + 8 = 10$

解説
● ブロック図の下に数字を入れて式を書きます。少ない方のブロックを多い方に移動させた状態の図を描き、答えを書きます。
● たし算のイメージをもてるように必ずブロックを図の上で動かします。

41

ぶろっくを あわせて たしざんを しよう。

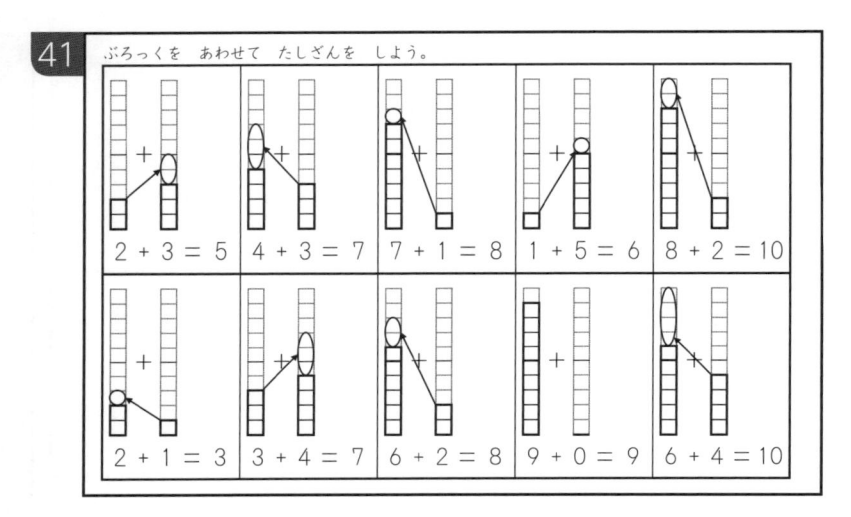

2 + 3 = 5　4 + 3 = 7　7 + 1 = 8　1 + 5 = 6　8 + 2 = 10

2 + 1 = 3　3 + 4 = 7　6 + 2 = 8　9 + 0 = 9　6 + 4 = 10

42

ぶろっくを あわせて たしざんを しよう。

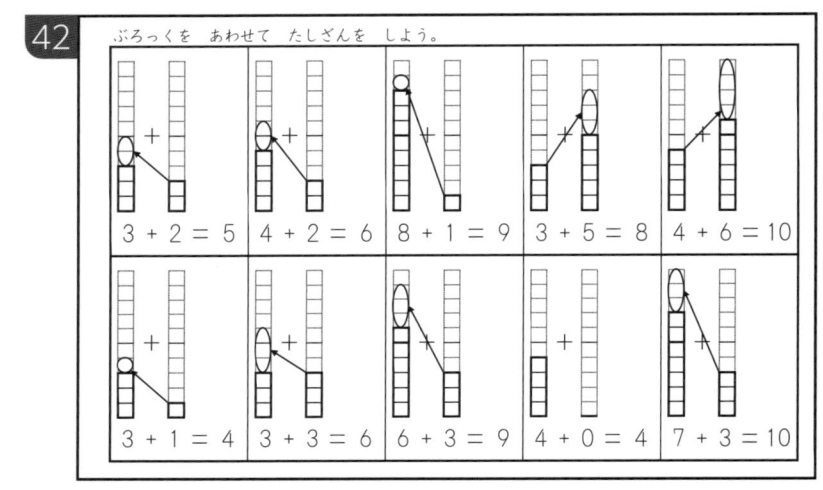

3 + 2 = 5　4 + 2 = 6　8 + 1 = 9　3 + 5 = 8　4 + 6 = 10

3 + 1 = 4　3 + 3 = 6　6 + 3 = 9　4 + 0 = 4　7 + 3 = 10

43

ぶろっくを あわせて たしざんを しよう。

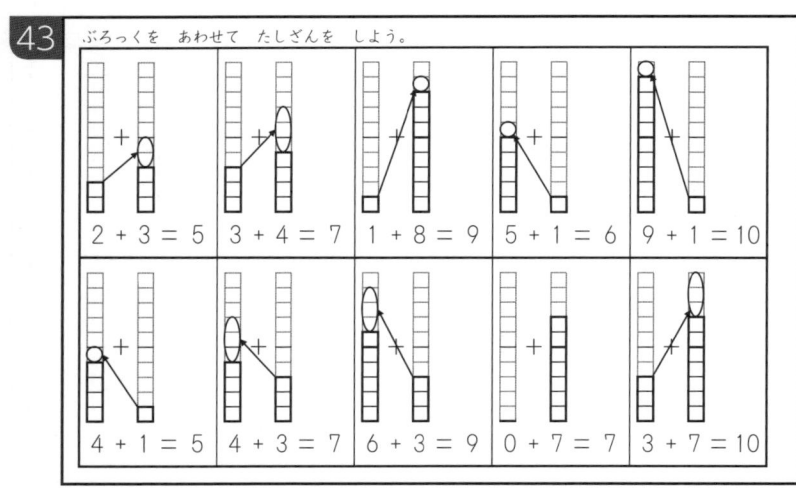

2 + 3 = 5　3 + 4 = 7　1 + 8 = 9　5 + 1 = 6　9 + 1 = 10

4 + 1 = 5　4 + 3 = 7　6 + 3 = 9　0 + 7 = 7　3 + 7 = 10

44

ぶろっくを あわせて たしざんを しよう。

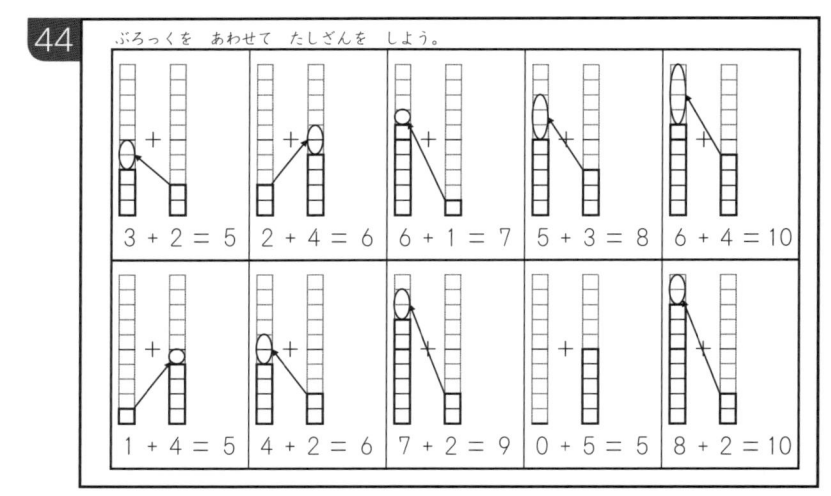

3 + 2 = 5　2 + 4 = 6　6 + 1 = 7　5 + 3 = 8　6 + 4 = 10

1 + 4 = 5　4 + 2 = 6　7 + 2 = 9　0 + 5 = 5　8 + 2 = 10

解説　● ブロックを動かすときは、1つずつ動かすのではなく、塊として動かします。
　　　● 答えを書くときは、1つずつブロックを数えるのではなく、動かした後のブロックの形から考えられるようにします。

45 ぶろっくを とって ひきざんを しよう。

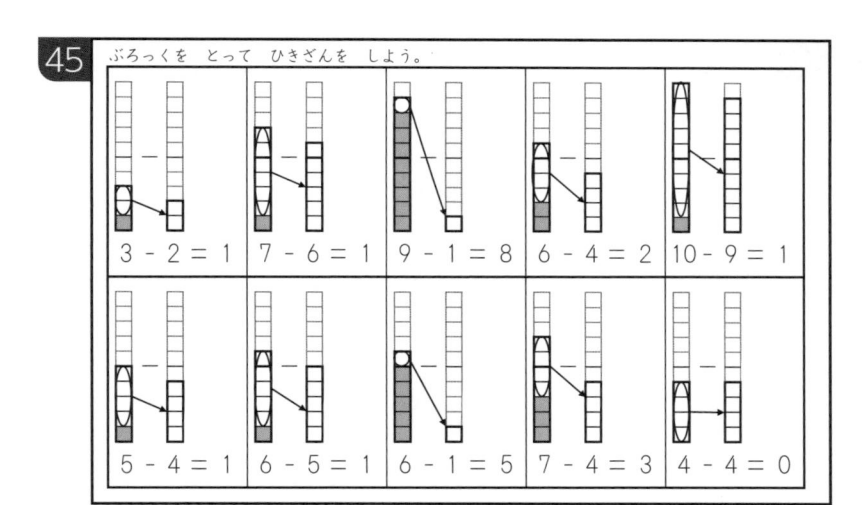

$3 - 2 = 1$　$7 - 6 = 1$　$9 - 1 = 8$　$6 - 4 = 2$　$10 - 9 = 1$

$5 - 4 = 1$　$6 - 5 = 1$　$6 - 1 = 5$　$7 - 4 = 3$　$4 - 4 = 0$

46 ぶろっくを とって ひきざんを しよう。

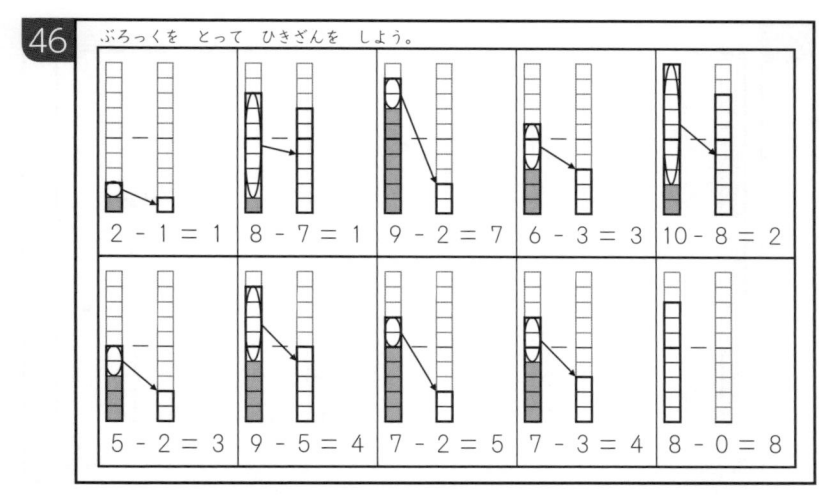

$2 - 1 = 1$　$8 - 7 = 1$　$9 - 2 = 7$　$6 - 3 = 3$　$10 - 8 = 2$

$5 - 2 = 3$　$9 - 5 = 4$　$7 - 2 = 5$　$7 - 3 = 4$　$8 - 0 = 8$

47 ぶろっくを とって ひきざんを しよう。

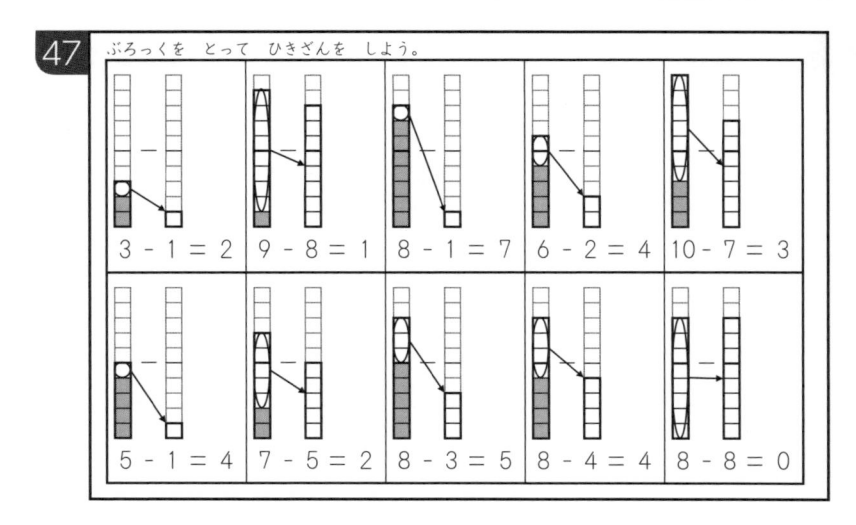

$3 - 1 = 2$　$9 - 8 = 1$　$8 - 1 = 7$　$6 - 2 = 4$　$10 - 7 = 3$

$5 - 1 = 4$　$7 - 5 = 2$　$8 - 3 = 5$　$8 - 4 = 4$　$8 - 8 = 0$

48 ぶろっくを とって ひきざんを しよう。

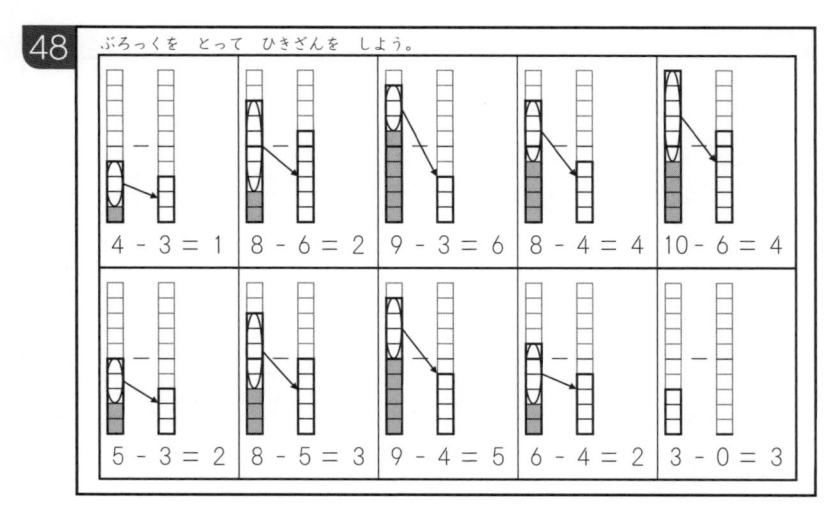

$4 - 3 = 1$　$8 - 6 = 2$　$9 - 3 = 6$　$8 - 4 = 4$　$10 - 6 = 4$

$5 - 3 = 2$　$8 - 5 = 3$　$9 - 4 = 5$　$6 - 4 = 2$　$3 - 0 = 3$

解説

● ブロック図の下に数字を入れて式を書きます。被減数のブロック上で減数分を〇で囲み、残りのブロックがわかるようにし、答えを書きます。

● ひき算のイメージをもてるように必ずブロックを図の上で動かします。

49
ぶろっくを とって ひきざんを しよう。

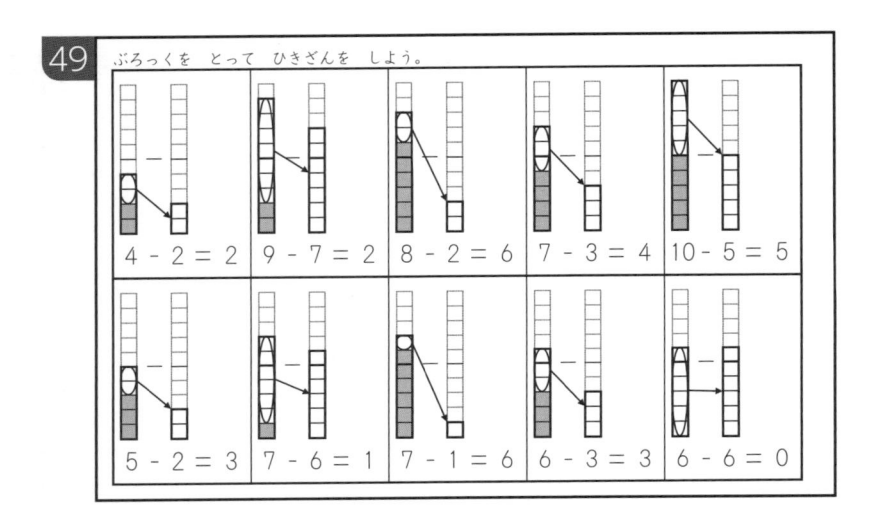

4 − 2 = 2　9 − 7 = 2　8 − 2 = 6　7 − 3 = 4　10 − 5 = 5

5 − 2 = 3　7 − 6 = 1　7 − 1 = 6　6 − 3 = 3　6 − 6 = 0

50
ぶろっくを とって ひきざんを しよう。

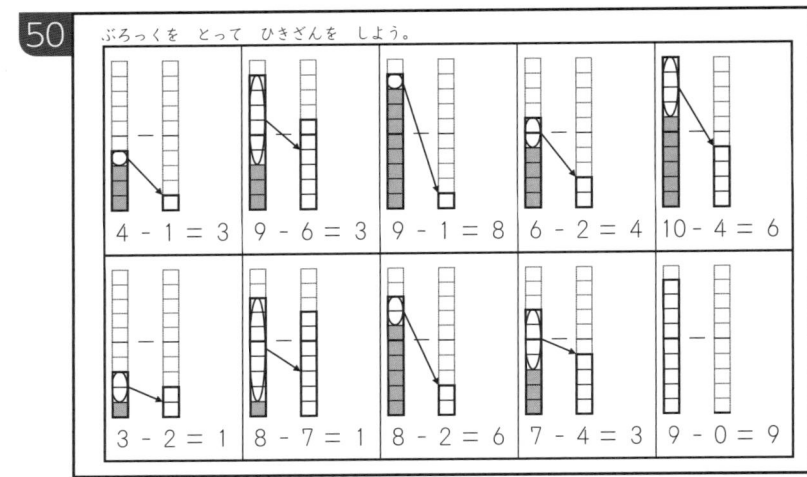

4 − 1 = 3　9 − 6 = 3　9 − 1 = 8　6 − 2 = 4　10 − 4 = 6

3 − 2 = 1　8 − 7 = 1　8 − 2 = 6　7 − 4 = 3　9 − 0 = 9

51
ぶろっくを とって ひきざんを しよう。

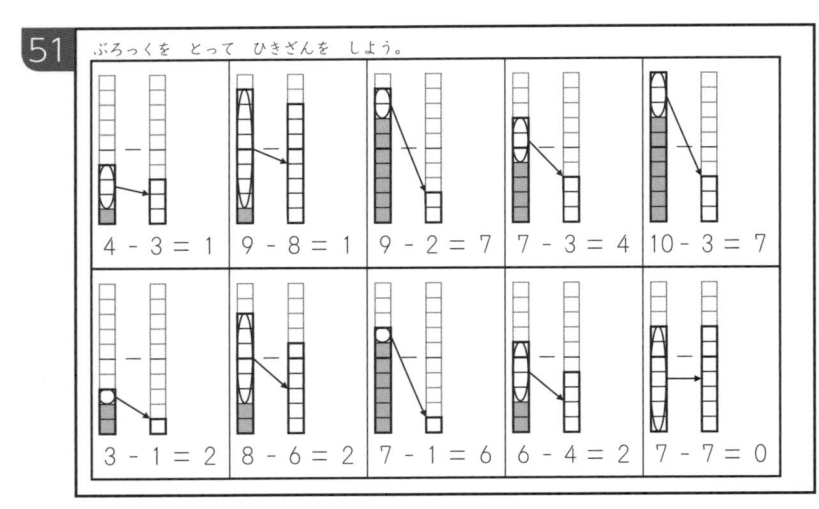

4 − 3 = 1　9 − 8 = 1　9 − 2 = 7　7 − 3 = 4　10 − 3 = 7

3 − 1 = 2　8 − 6 = 2　7 − 1 = 6　6 − 4 = 2　7 − 7 = 0

52
ぶろっくを とって ひきざんを しよう。

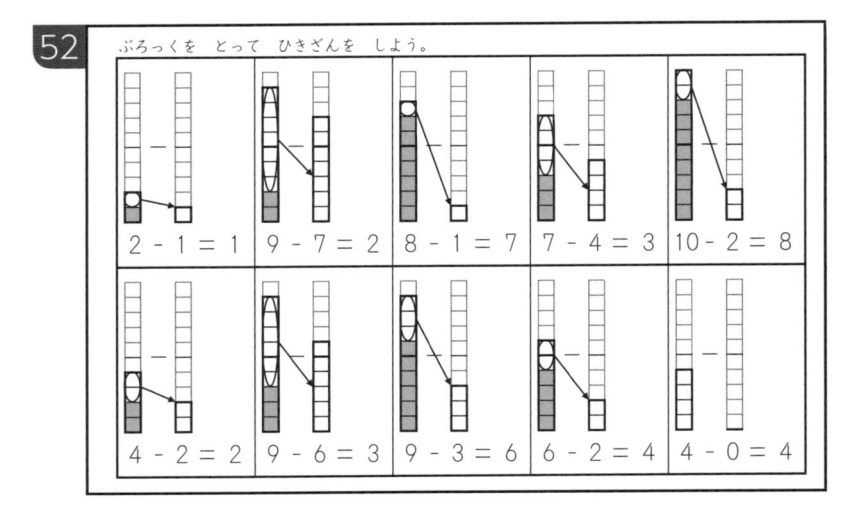

2 − 1 = 1　9 − 7 = 2　8 − 1 = 7　7 − 4 = 3　10 − 2 = 8

4 − 2 = 2　9 − 6 = 3　9 − 3 = 6　6 − 2 = 4　4 − 0 = 4

解説
● ここでは、ブロックを上から取っていますが、下から取るなどの工夫もできます。ここでも、1つずつ動かすのではなく塊として動かします。
● 答えを書くときは、動かした後の残ったブロックを1つずつ数えるのではなく、ブロックの形から考えられるようにします。

53 でぐちまでに　くだものは　いくつ　ある？

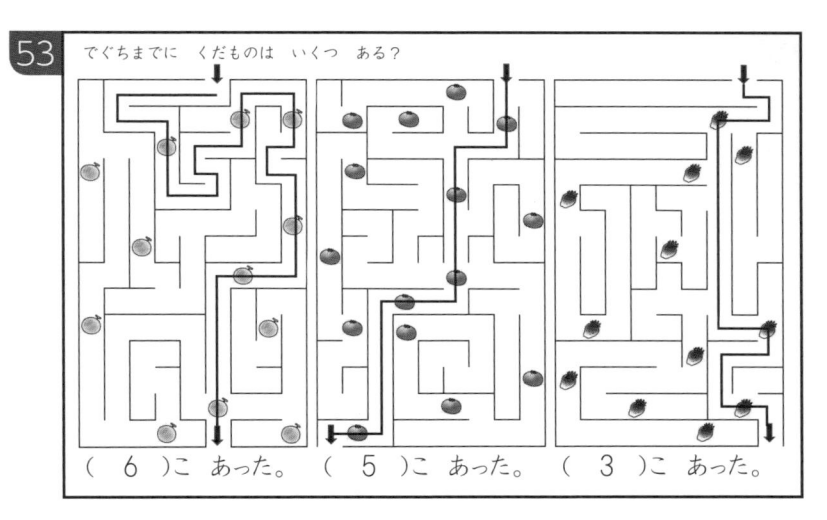

（　6　）こ　あった。　　（　5　）こ　あった。　　（　3　）こ　あった。

54 でぐちまでに　くだものは　いくつ　ある？

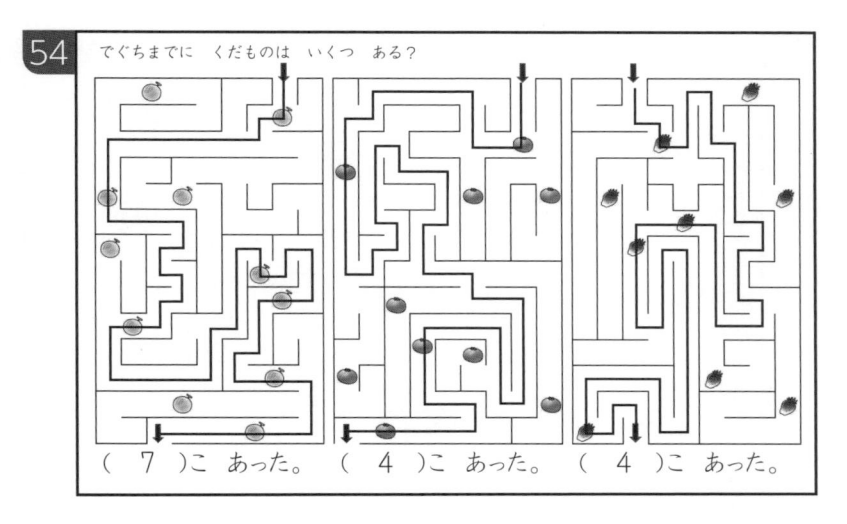

（　7　）こ　あった。　　（　4　）こ　あった。　　（　4　）こ　あった。

55 でぐちまでに　くだものは　いくつ　ある？

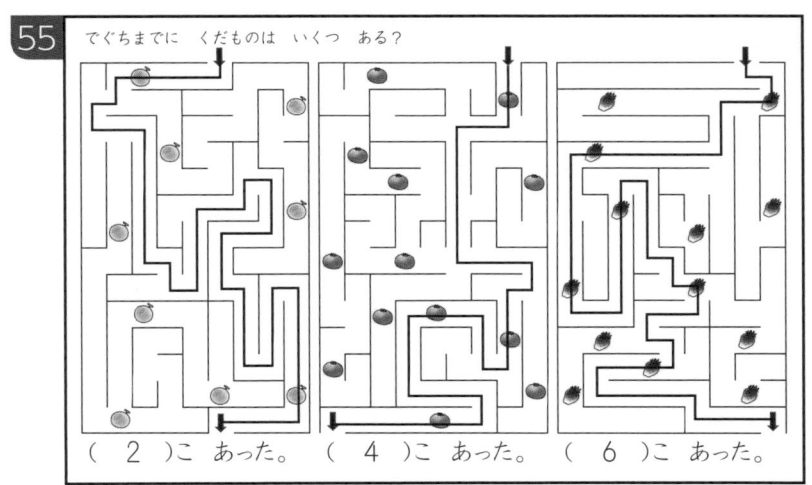

（　2　）こ　あった。　　（　4　）こ　あった。　　（　6　）こ　あった。

56 でぐちまでに　くだものは　いくつ　ある？

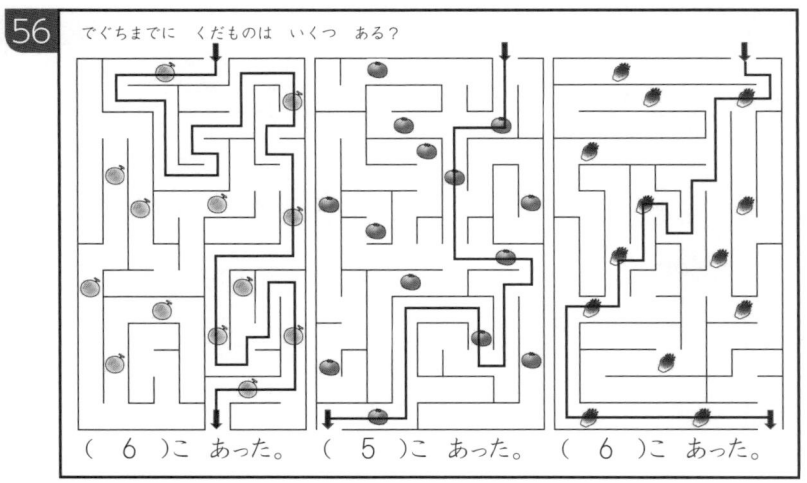

（　6　）こ　あった。　　（　5　）こ　あった。　　（　6　）こ　あった。

解説	● 道を間違えないように出口まで進みながら、その間にある果物の数を数えます。ワーキングメモリーの訓練になります。 ● 道順を指や鉛筆で書いたりして追わないで、眼だけで追うと視機能訓練にもなります。

解説	● ふきだし内の数が答えになる計算式のりんごに色を塗ります。「ピッタリ同じ」「大きすぎる」「小さすぎる」で色分けをしてもいいです。 ● 式と答えをセットで覚える練習です。色塗りをしながら楽しく計算の習熟練習。

61 けいさんを　して　あんごうひょうの　もじを　いれよう。できた　しつもんの　こたえに　○を　つけよう。

こたえ	あんごう	あんごうひょう		こたえ	あんごう	あんごうひょう
① 2 + 1 = 3	な	1 な	① 2 + 2 = 4	あ	1 た
② 2 + 4 = 6	が	2 ぶ	② 0 + 2 = 2	な	2 な
③ 1 + 3 = 4	い	3 な	③ 3 + 4 = 7	の	3 は?
④ 6 + 2 = 8	は	4 い	④ 7 + 2 = 9	あ	4 あ
⑤ 1 + 0 = 1	な	5 つ	⑤ 4 + 4 = 8	い	5 お
⑥ 6 + 4 = 10	の	6 が	⑥ 0 + 1 = 1	た	6 し
⑦ 5 + 2 = 7	ど	7 ど	⑦ 4 + 1 = 5	お	7 の
⑧ 5 + 4 = 9	う	8 は	⑧ 3 + 7 = 10	か	8 い
⑨ 1 + 1 = 2	ぶ	9 う	⑨ 3 + 3 = 6	し	9 あ
⑩ 3 + 2 = 5	つ	10 の	⑩ 3 + 0 = 3	は?	10 か

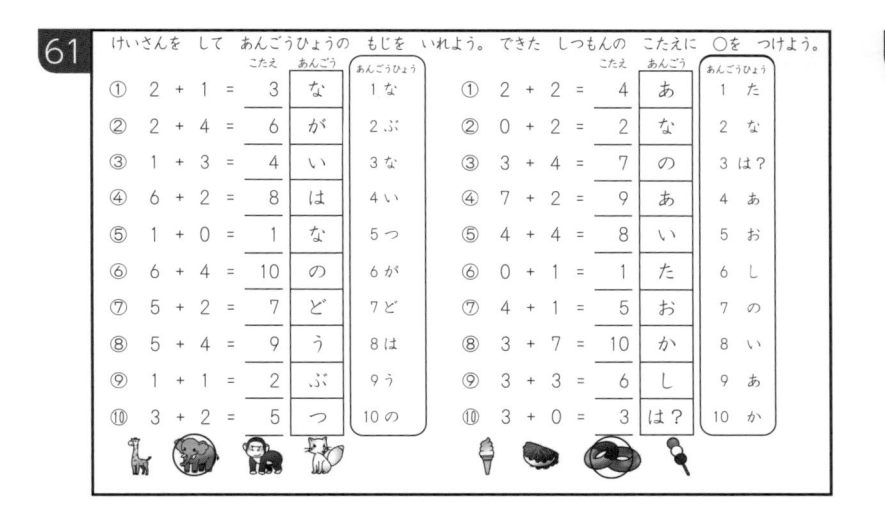

62 けいさんを　して　あんごうひょうの　もじを　いれよう。できた　しつもんの　こたえに　○を　つけよう。

こたえ	あんごう	あんごうひょう		こたえ	あんごう	あんごうひょう
① 8 - 2 = 6	か	0 か	① 4 - 1 = 3	あ	0 も
② 8 - 7 = 1	じ	1 じ	② 7 - 1 = 6	た	1 ま
③ 7 - 4 = 3	の	2 や	③ 4 - 3 = 1	ま	2 は?
④ 9 - 1 = 8	と	3 の	④ 7 - 3 = 4	に	3 あ
⑤ 9 - 0 = 9	き	4 く	⑤ 8 - 0 = 8	か	4 に
⑥ 9 - 4 = 5	に	5 に	⑥ 9 - 2 = 7	ぶ	5 の
⑦ 5 - 5 = 0	か	6 か	⑦ 10 - 1 = 9	る	6 た
⑧ 7 - 0 = 7	つ	7 つ	⑧ 7 - 7 = 0	も	7 ぶ
⑨ 9 - 7 = 2	や	8 と	⑨ 6 - 1 = 5	の	8 か
⑩ 6 - 2 = 4	く	9 き	⑩ 5 - 3 = 2	は?	9 る

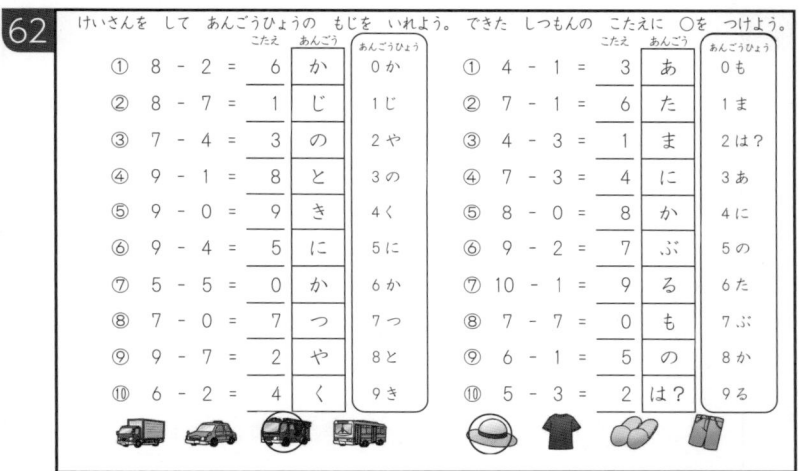

63 けいさんを　して　あんごうひょうの　もじを　いれよう。できた　しつもんの　こたえに　○を　つけよう。

こたえ	あんごう	あんごうひょう		こたえ	あんごう	あんごうひょう
① 1 + 3 = 4	そ	1 の	① 2 + 1 = 3	み	1 かう
② 10 - 3 = 7	ら	2 を	② 7 - 3 = 4	ず	2 む
③ 6 - 4 = 2	を	3 は?	③ 9 - 1 = 8	を	3 み
④ 8 - 3 = 5	と	4 そ	④ 8 - 2 = 6	の	4 ず
⑤ 4 + 5 = 9	ぶ	5 と	⑤ 8 - 6 = 2	む	5 つ
⑥ 7 - 6 = 1	の	6 の	⑥ 7 + 2 = 9	と	6 の
⑦ 3 + 7 = 10	り	7 ら	⑦ 6 + 4 = 10	き	7 に
⑧ 5 + 3 = 8	も	8 も	⑧ 4 + 3 = 7	に	8 を
⑨ 5 + 1 = 6	の	9 ぶ	⑨ 1 + 4 = 5	つ	9 と
⑩ 5 - 2 = 3	は?	10 り	⑩ 5 - 4 = 1	かう	10 き

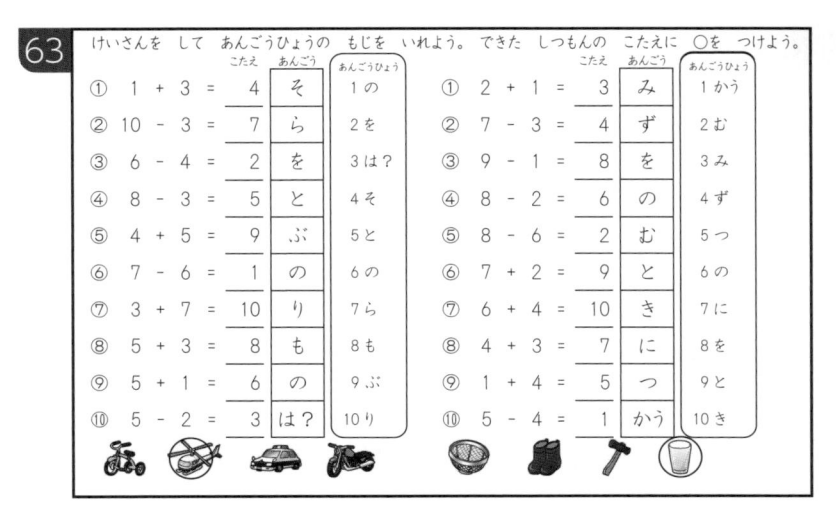

64 けいさんを　して　あんごうひょうの　もじを　いれよう。できた　しつもんの　こたえに　○を　つけよう。

こたえ	あんごう	あんごうひょう		こたえ	あんごう	あんごうひょう
① 2 + 2 = 4	おん	1 の	① 5 - 3 = 2	あ	1 に
② 9 - 2 = 7	が	2 で	② 2 + 3 = 5	し	2 あ
③ 1 + 8 = 9	く	3 は?	③ 4 - 3 = 1	に	3 の
④ 7 - 5 = 2	で	4 おん	④ 3 + 4 = 7	は	4 れ?
⑤ 9 - 4 = 5	つ	5 つ	⑤ 6 + 3 = 9	く	5 し
⑥ 8 + 2 = 10	か	6 も	⑥ 10 - 2 = 8	も	6 ど
⑦ 2 + 6 = 8	う	7 が	⑦ 1 + 2 = 3	の	7 は
⑧ 2 + 4 = 6	も	8 う	⑧ 1 + 9 = 10	は、	8 も
⑨ 8 - 7 = 1	の	9 く	⑨ 9 - 3 = 6	ど	9 く
⑩ 7 - 4 = 3	は?	10 か	⑩ 5 - 1 = 4	れ?	10 は、

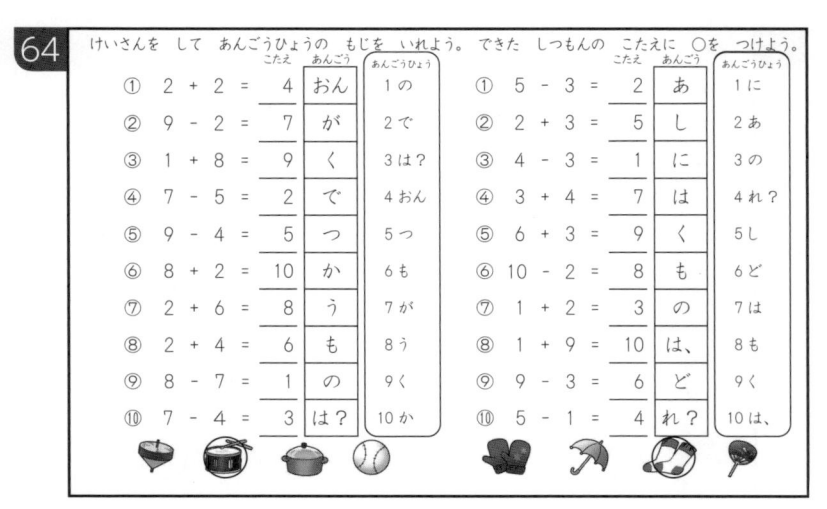

解説	● 計算をして、暗号表からその答えに対応するひらがなを書き出すと問題文ができます。答えの絵に○をつけます。 ● 楽しく計算の習熟練習。

65 たてと よこの しきに あてはまる かずを いれよう。

$2+6=8$ ／ $1+6=7$
$3+4=7$ ／ $6-4=2$
$7-3=4$ ／ $5-3=2$

$1+6=7$ ／ $1+6=7$
$3+5=8$ ／ $6-5=1$
$6-4=2$ ／ $9-4=5$

66 たてと よこの しきに あてはまる かずを いれよう。

$4+5=9$ ／ $3+5=8$
$2+7=9$ ／ $8-7=1$
$9-6=3$ ／ $7-6=1$

$1+8=9$ ／ $0+8=8$
$3+4=7$ ／ $5-4=1$
$9-3=6$ ／ $8-3=5$

67 たてと よこの しきに あてはまる かずを いれよう。

$5+4=9$ ／ $2+4=6$
$1+5=6$ ／ $8-5=3$
$4+0=4$ ／ $7-0=7$

$6+3=9$ ／ $1+3=4$
$6+1=7$ ／ $6-1=5$
$6-5=1$ ／ $9-5=4$

68 たてと よこの しきに あてはまる かずを いれよう。

$4+5=9$ ／ $1+5=6$
$7+2=9$ ／ $10-2=8$
$6-4=2$ ／ $7-4=3$

$4+1=5$ ／ $5+1=6$
$0+3=3$ ／ $5-3=2$
$9-4=5$ ／ $7-4=3$

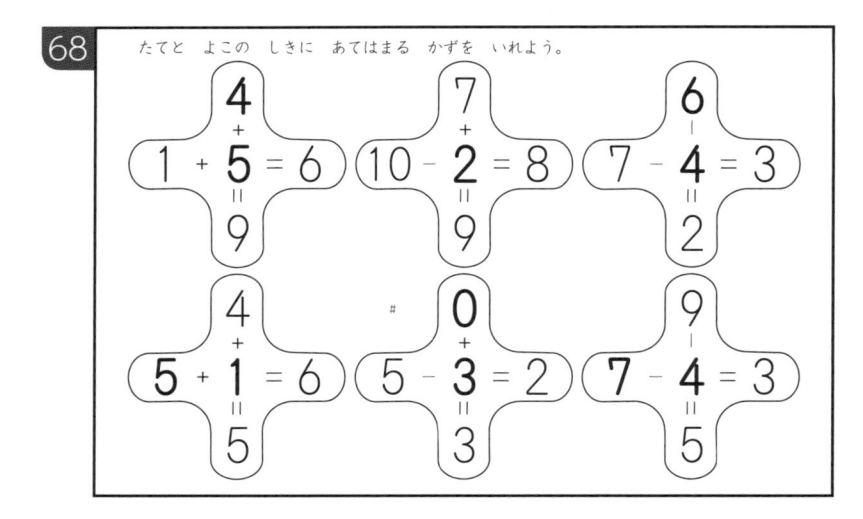

解説
● クロスしている式が成り立つように空いている場所に数字を入れます。
● どの場所から数字を入れていくかの手順を考えます。

69 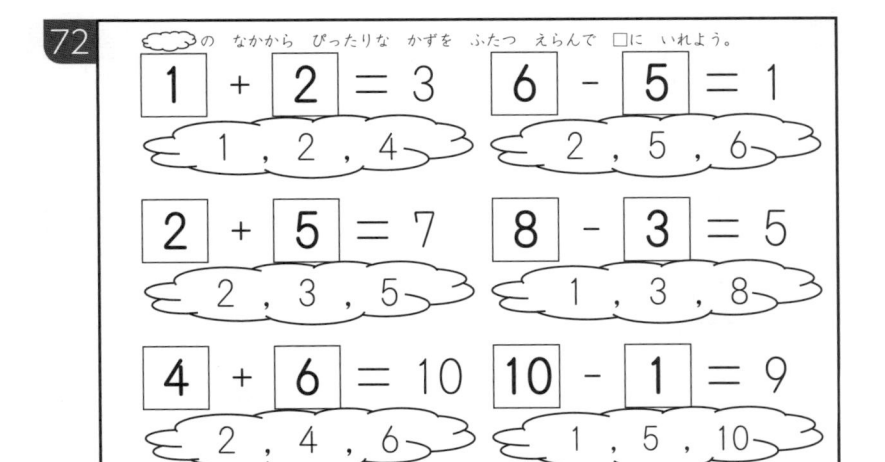の なかから ぴったりな かずを ふたつ えらんで □に いれよう。

$\boxed{2} + \boxed{4} = 6$ 　 $\boxed{7} - \boxed{3} = 4$
2 , 3 , 4 　　　 3 , 5 , 7

$\boxed{2} + \boxed{8} = 10$ 　 $\boxed{9} - \boxed{1} = 8$
2 , 5 , 8 　　　 1 , 7 , 9

$\boxed{3} + \boxed{4} = 7$ 　 $\boxed{7} - \boxed{4} = 3$
3 , 4 , 5 　　　 2 , 4 , 7

70 の なかから ぴったりな かずを ふたつ えらんで □に いれよう。

$\boxed{2} + \boxed{3} = 5$ 　 $\boxed{9} - \boxed{6} = 3$
2 , 3 , 4 　　　 4 , 6 , 9

$\boxed{3} + \boxed{6} = 9$ 　 $\boxed{9} - \boxed{2} = 7$
2 , 3 , 6 　　　 2 , 6 , 9

$\boxed{3} + \boxed{5} = 8$ 　 $\boxed{3} - \boxed{1} = 2$
3 , 4 , 5 　　　 1 , 3 , 6

71 の なかから ぴったりな かずを ふたつ えらんで □に いれよう。

$\boxed{1} + \boxed{3} = 4$ 　 $\boxed{9} - \boxed{7} = 2$
1 , 2 , 3 　　　 4 , 7 , 9

$\boxed{2} + \boxed{6} = 8$ 　 $\boxed{8} - \boxed{2} = 6$
2 , 6 , 8 　　　 2 , 5 , 8

$\boxed{2} + \boxed{7} = 9$ 　 $\boxed{4} - \boxed{3} = 1$
2 , 3 , 7 　　　 3 , 4 , 7

72 の なかから ぴったりな かずを ふたつ えらんで □に いれよう。

$\boxed{1} + \boxed{2} = 3$ 　 $\boxed{6} - \boxed{5} = 1$
1 , 2 , 4 　　　 2 , 5 , 6

$\boxed{2} + \boxed{5} = 7$ 　 $\boxed{8} - \boxed{3} = 5$
2 , 3 , 5 　　　 1 , 3 , 8

$\boxed{4} + \boxed{6} = 10$ 　 $\boxed{10} - \boxed{1} = 9$
2 , 4 , 6 　　　 1 , 5 , 10

解説
- 式が成り立つように3つの数の中から2つ選んで入れます。
- 試行錯誤力をつけます。加法では交換法則が成り立つので前後逆になっても正答です。

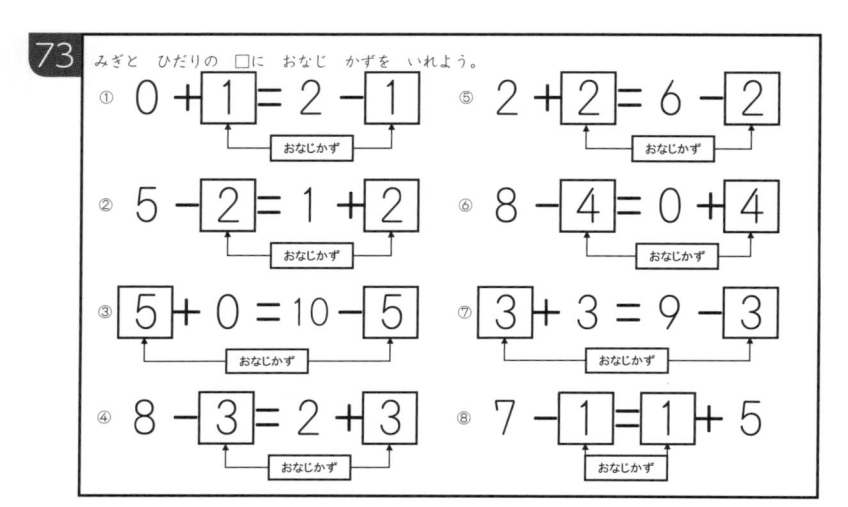

73 みぎと ひだりの □に おなじ かずを いれよう。

① $0 + \boxed{1} = 2 - \boxed{1}$ （おなじかず）
② $5 - \boxed{2} = 1 + \boxed{2}$ （おなじかず）
③ $\boxed{5} + 0 = 10 - \boxed{5}$ （おなじかず）
④ $8 - \boxed{3} = 2 + \boxed{3}$ （おなじかず）
⑤ $2 + \boxed{2} = 6 - \boxed{2}$ （おなじかず）
⑥ $8 - \boxed{4} = 0 + \boxed{4}$ （おなじかず）
⑦ $\boxed{3} + 3 = 9 - \boxed{3}$ （おなじかず）
⑧ $7 - \boxed{1} = \boxed{1} + 5$ （おなじかず）

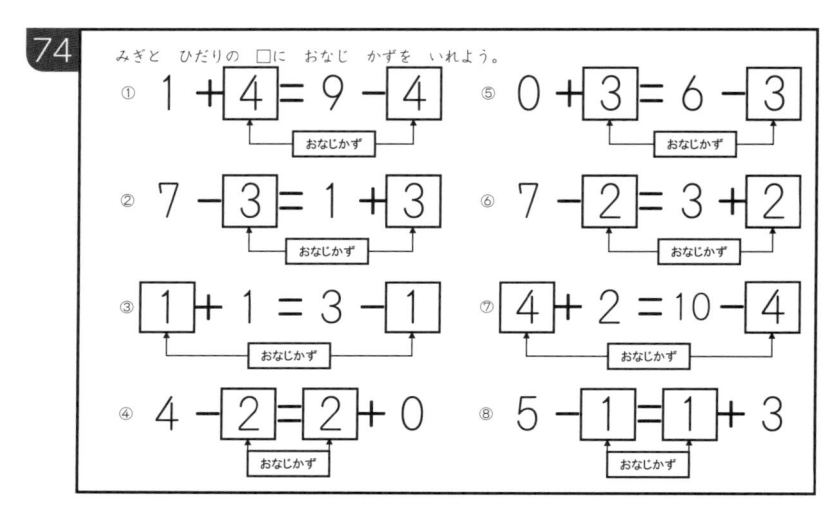

74 みぎと ひだりの □に おなじ かずを いれよう。

① $1 + \boxed{4} = 9 - \boxed{4}$ （おなじかず）
② $7 - \boxed{3} = 1 + \boxed{3}$ （おなじかず）
③ $\boxed{1} + 1 = 3 - \boxed{1}$ （おなじかず）
④ $4 - \boxed{2} = \boxed{2} + 0$ （おなじかず）
⑤ $0 + \boxed{3} = 6 - \boxed{3}$ （おなじかず）
⑥ $7 - \boxed{2} = 3 + \boxed{2}$ （おなじかず）
⑦ $\boxed{4} + 2 = 10 - \boxed{4}$ （おなじかず）
⑧ $5 - \boxed{1} = \boxed{1} + 3$ （おなじかず）

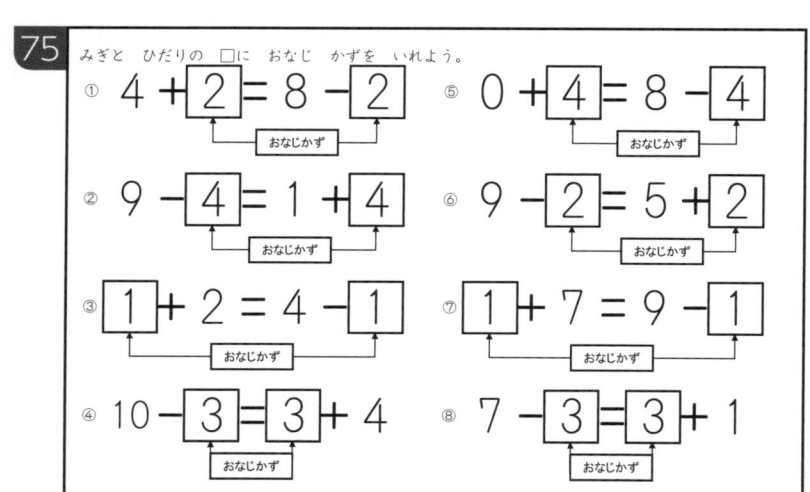

75 みぎと ひだりの □に おなじ かずを いれよう。

① $4 + \boxed{2} = 8 - \boxed{2}$ （おなじかず）
② $9 - \boxed{4} = 1 + \boxed{4}$ （おなじかず）
③ $\boxed{1} + 2 = 4 - \boxed{1}$ （おなじかず）
④ $10 - \boxed{3} = \boxed{3} + 4$ （おなじかず）
⑤ $0 + \boxed{4} = 8 - \boxed{4}$ （おなじかず）
⑥ $9 - \boxed{2} = 5 + \boxed{2}$ （おなじかず）
⑦ $\boxed{1} + 7 = 9 - \boxed{1}$ （おなじかず）
⑧ $7 - \boxed{3} = \boxed{3} + 1$ （おなじかず）

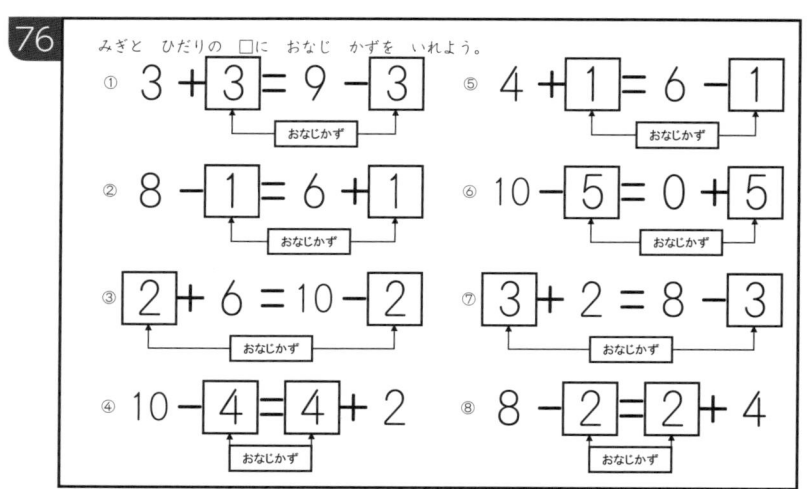

76 みぎと ひだりの □に おなじ かずを いれよう。

① $3 + \boxed{3} = 9 - \boxed{3}$ （おなじかず）
② $8 - \boxed{1} = 6 + \boxed{1}$ （おなじかず）
③ $\boxed{2} + 6 = 10 - \boxed{2}$ （おなじかず）
④ $10 - \boxed{4} = \boxed{4} + 2$ （おなじかず）
⑤ $4 + \boxed{1} = 6 - \boxed{1}$ （おなじかず）
⑥ $10 - \boxed{5} = 0 + \boxed{5}$ （おなじかず）
⑦ $\boxed{3} + 2 = 8 - \boxed{3}$ （おなじかず）
⑧ $8 - \boxed{2} = \boxed{2} + 4$ （おなじかず）

解説

● 等号が成り立つように、左右の□に同じ数を入れます。等号の意味もおさえておきましょう。

● □に入れる数、そのときの左右の結果を覚えて比較します（ワーキングメモリー）。試行錯誤しながら□の中に数字を入れます。

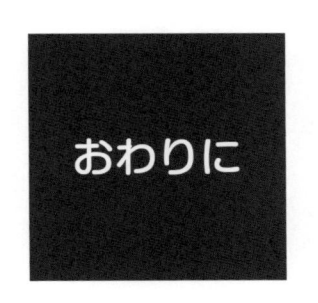

おわりに

　2000年、平群東小学校に転勤した私は通級指導教室を担当することになりました。20年近く通常の学級の担任をし、教科指導、学級経営などにそれなりの自信をもっていましたが、通級担当をすることになってその自信はもろくも崩れ去りました。自信をもっていた教科指導も通級に来る子どもたちには通用しませんでした。私が今までやってきたのは、教科書を上手に教えることだったのです。そこで、私は教師としての目標を**「通常の教え方では理解しにくい子どもには、その子が理解しやすい教え方で教える」**としました。

　しかし、何から始めてよいのかわかりませんでした。そのため、大阪教育大学に内地留学を希望し、学ぶことにしました。そこで出会ったのは、その後もずっと指導していただいている竹田契一先生をはじめとする大学の先生方や発達障害児教育研究を深めようと全国から集まってきた精鋭の先生方でした。私は、その内地留学で**「人は、工場で大量生産される規格化された製品とは違って、一人一人が個性をもった固有のものである」**ということを学びました。

　大学から戻ってきた私は、特別支援教育士SVの村井敏宏先生と一緒に通級指導ができる機会に恵まれました。そして、村井先生が2010年に出版された画期的なひらがな指導ワーク『読み書きが苦手な子どもへの〈基礎〉トレーニングワーク』（明治図書）の作成をお手伝いさせていただきました。このワークの画期的なところは**「子どもの誤りを分析し、原因を探り、そこから教材を作成する」**というプロセスから生まれたという点です。

　算数でもこのような教材を作っていたところ、明治図書の佐藤智恵様と本にまとめる話が決まりました。教材を作るにあたっては**「通常の学級で使える教材」**を目指して、低学年担任経験の多い妻・中尾和子とともに教材作成をしました。

　この本は、このように多くの人との出会いのなかで生まれました。本当にありがとうございました。そして、何よりも感謝したいのは、どこでつまずくのかを身をもって教えてくれた子どもたちです。

　この本を手に取られた先生方のクラスの子どもたちに、わかる喜び、できる楽しさを感じてもらえることで、私が十分な支援をできなかった子どもたちへのせめてもの償いになればと願っています。

　　2018年6月

著者　中尾 和人

【監修者紹介】

竹田　契一（たけだ　けいいち）

大阪教育大学名誉教授、大阪医科大学 LD センター顧問

【著者紹介】

中尾　和人（なかお　かずひと）

小学校教諭、S.E.N.S（特別支援教育士）、精神保健福祉士、
日本 LD 学会会員

〔本文イラスト〕みやび　なぎさ
〔表紙デザイン〕（有）ケイデザイン

通常の学級でやさしい学び支援

計算が苦手な子どもへの〈算数〉支援ワーク
くり上がり・くり下がりのない10までのたし算ひき算

2018年9月初版第1刷刊	監修者	竹　田　契　一	
	©著　者	中　尾　和　人	
	発行者	藤　原　光　政	
	発行所	明治図書出版株式会社	

http://www.meijitosho.co.jp
（企画）佐藤智恵（校正）粟飯原淳美
〒114-0023　東京都北区滝野川7-46-1
振替00160-5-151318　電話03（5907）6703
ご注文窓口　電話03（5907）6668

＊検印省略　　　　組版所 株 式 会 社 明 昌 堂

Printed in Japan　　　　　ISBN978-4-18-089810-7
もれなくクーポンがもらえる！読者アンケートはこちらから　→

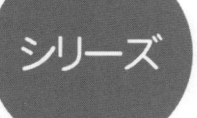